JN202023

落語からわかる江戸の死

いろは落語づくし

稲田和浩
Kazuhiro Inada

教育評論社

いろは落語づくし 弐

落語からわかる江戸の死　目次

装幀——花村 広

い 行き倒れ

《粗忽長屋《そこつながや》》

誰でも長生きはしたい。長生きして、たいして長患いもせず、息子や娘、孫、ひ孫に看取られて、「今までありがとう。楽しい人生だったよ」といって死ねれば一番いい。そういう死に方を「畳の上で死ぬ」といった。今は病院で死ぬことが多くなったから、「病院のベッドで死ぬ」なのか。

堅気の暮らしをして、病気や事故に遭わない。たいして波乱のある人生でもなく、慎ましく暮らして、それでも、「畳の上で死ねれば本望」だと、たいていの人は思った。

一方、「太く短く生きる」のを信条とする人たちもいる。やくざや盗賊でなくても、商人でも相場などで勝負をして大きく儲けようと思う人は、一攫千金を得る場合もあれば、破産することもある。失敗すれば「畳の上では死ねない」覚悟はしていた。

江戸で何か失敗をやらかしたり、借金で首がまわらなくなった者は、旅に出たりもした。親戚を頼って田舎に行ったり、上方などで再起を図るというのもある。ただただ、借金取りや捕吏から逃げる場合もある。

旅は危険が伴う。旅先で死ぬことなんて、ままある。昔の人は旅に出る人と水盃《みずさかずき》(1)で別れた。ましてや、江戸を売って逃げる旅だ。もう帰って来られないかもしれない。田舎など他所の土地に定住して死ぬこともあるが、たいていは旅先で不遇のうちに死ぬ。

「旅先で行き倒れて、街道の松の肥やしになろうじゃないか」

講談でたまに聞く科白。可愛いがっていた一人息子が死んでしまう。財産を譲る息子がいなくなった老夫婦は空しくなり、巡礼の旅に出る。老夫婦の巡礼旅で、遠からず二人は死ぬだろう。墓なんかいらない。街道のかたわらに埋めてくれればいいよ。街道には人々が涼をとるために松の木が植えられていた。街道の松の肥やしになれば、旅人たちの助けになるだろう。生きることを諦めて巡礼となり、旅で死んでも誰かの役に立ちたい、講談の登場人物は清廉な人が多い。

落語にも行き倒れは出て来る。旅に出なくても、江戸の街でも行き倒れはいた。福祉も保険もない時代、何かの都合で失職し、家を失い、食べられなくなって死ぬこともある。普通に暮らしていても、何かの加減で心臓発作や脳溢血、いろんな病気で倒れて死んだ時、身分証明など持っていなければ行き倒れということもあったろう。今よりも行き倒れ率は高かった。それでも江戸の街では少なかったのかもしれない。行き倒れがあったりすると、見物人が集まった。そして、役人が来るまで、町内の顔役みたいな人が差配をした。

行き倒れが出て来る落語に《粗忽長屋》がある。場所は浅草の観音様。行き倒れに、差配する町内の顔役、大勢の見物人。そこへ主人公が登場する。

「粗忽」っていう言葉は、今は使わないね。時代劇なんかでたまに出て来る。武士なんかが「某の粗忽であった」。辞書を引いたら、「不注意なこと、軽はずみ、念のいらないこと、そそっかしい」。粗忽者は行き倒れの男を自分の知り合いの「熊の野郎」だという。そして、当人を連れて来るという。そして、熊五郎という男を連れて来る。熊五郎ははじめこそ否定するが、「お前はそそっかしいから、死んだのも気が付かずにいるんだ」。そんなバカなことはない。だが、熊五郎はよくよく死体を見て、「あっ、俺だ。

俺が死んでいる」。つまり、極限粗忽、粗忽のディフォルメで笑わせる落語。友達にいわれたからって、自分が死んだとは思わないだろう。

熊五郎が「死んだような心持ちがしねえ」というと、最初の粗忽者は「死んだことがねえくせに死んだ心持ちなんてわかるのか」。理屈だ。死んだ者の気持ちなんてわからない。自分が歩いて喋っているからって、死んでいないとは限らない。粗忽も極まると、聞いているほうまで粗忽になる。

（1）水盃…酒でなく水で、再開出来ない別れの時に酌み交わす杯。

《粗忽長屋》
八五郎が浅草観音に行った帰り、行き倒れに遭遇する。行き倒れが隣人の熊五郎に似ていたところから、八五郎は急ぎ家に帰り、熊五郎に「お前は昨日、死んだんだ」といい、熊五郎を浅草に連れて行く。はじめは「自分は死んでいない」といっていた熊五郎だが、八五郎の強引さに負け、「俺は死んだ」といいだす。他人の死骸見て、自分が死んだと思う、ありえない馬鹿馬鹿しさ。五代目柳家小さんの得意ネタだった。

ろ 蝋燭の火
《死神《しにがみ》》

《死神》という落語は、六代目三遊亭圓生《さんゆうていえんしょう》(1)が得意にしていて、今でも演じる落語家が多い。ストーリーや人物をしっかり聞かせる大ネタの落語だ。

ある男が死神から、死神退散の呪文を教わり、医者になって成功する。ところが金に目が眩み、使ってはいけない死神に呪文を使ったため、男は死神に命を絶たれる。

最後の場面で、男は死神の塒《ねぐら》に連れて行かれる。そこには、たくさんの蝋燭が点っていて、それが人の命だという。太くて長い蝋燭は、若者や長命の者の命、短くて今にも消えそうな蝋燭は、年寄りや病人の命、今は元気でも、蝋燭の火が消えればすぐに死ぬ。そして、今にも消えそうな一本を「お前の命だ」といわれるところが、やはり一番怖いかな。

《死神》は、三遊亭圓朝《さんゆうていえんちょう》(2)作品。圓朝は明治時代の落語家で《牡丹灯籠《ぼたんどうろう》》の作者でもある。今村信雄《いまむらのぶお》(3)の検証によると、《死神》はイタリアオペラ「靴屋とクリスピノ」の翻案だといい、グリム童話にも同工の話があるそうだ。だから、どことなく西洋風の匂いのする噺でもある。ただし、圓朝の翻案というのは、圓朝が外国の小説を読んで落語に脚色したわけではない。ご贔屓の官吏などの知識人から、こういう話があるというのを聞いて、それをヒントに作る。《名人長二《めいじんちょうじ》》はモーパッサンの「親殺し」を翻案したといわれているが、これもご贔屓から、「親殺し」の物語を記した手紙をもらっている。

だからこの死神も西洋のタロットカードに出て来るみたいな鎌を担いだ死神ではない。薄汚れた痩せた老人として描写されている。

日本には八百万の神々がいて、中には、疫病神や貧乏神もいる。疫病神や貧乏神にかかわらずに一生を送る人はいくらもいるが、死神だけは、どんな人でも一度はお世話にならなければならない。人間が絶対に避けて通れないのが「死」だ。だが先行文芸にはあまり死神は登場しない。圓朝はオペラかグリムの「死神」の物語を聞いただけで、日本版の死神のイメージまで作り出した。そして、グリム童話にも出て来る「人の命を蝋燭の火」と表現する方法を見事に用いた。

西洋の物語のパーツが圓朝の落語を通じて、日本の死神のイメージを作り出し、その後の物語に与えた影響は大きい。西洋が違和感なく日本のモノとして受け入れられた、そうした受け皿の一つとして落語がある。

では死神はなんで存在するのか？　寿命は長い人もいれば短い人もいる。長い人は、健康に気を付けたりもするんだろうが、いくら健康に気を付けていても死ぬ人は死ぬし、不摂生でも長生きの人もいる。短い人はやはり悔しい。だが、それは運命で、命っていうのは決められた太さ長さの蝋燭で、死期が近付くと、死神が迎えに来てくれる。

「運命なんだから、仕方がない。諦めて、あの世へ行こう」と引導を渡しに来るのが死神なんじゃないか。

先行文芸に死神は出て来ないといったが、古の歴史書「古事記」には死神のような存在が登場する。日本を作ったイザナギ、イザナミの話。イザナミが死んで黄泉の国を仕切っているのだが、「見てはいけない」というのに、イザナギはイザナミの死後の醜い姿を見てしまった。ためにイザナミは激怒し、夫婦喧嘩となる。イザナミが離婚の条件に突き付けたのが、「お前の国の人間を、毎日千人殺して黄泉の国に連れて行く」。そういわれたら、イザナギも意地だ。「わかった。その条件は飲んだ。勝手にしろ。だが、俺は毎日千五百人、新しい命を産んでやる！」
日に千人殺す、まさにイザナミが死神の元祖なのかもしれない。

（1）六代目三遊亭圓生…昭和の名人といわれた落語家。明治三十三（一九〇〇）年〜昭和五十四（一九七九）年。ネタ数の多さ、緻密な人物描写など卓越した技の魅力は他の追従を許さない名人芸だった。
（2）三遊亭圓朝…幕末から明治に活躍の落語家。天保十（一八三九）年〜明治三十三（一九〇〇）年。《牡丹灯籠》《真景累ヶ淵》《塩原多助一代記》などの人情噺、怪談噺を多く創作。墓所がある谷中・全生庵では「圓朝忌」が行われている。
（3）今村信雄…落語速記者、演芸評論家。明治二十七（一八九四）年〜昭和三十四（一九五九）年。新聞などに演芸コラムを執筆。落語《試し酒》の作者としても知られている。

《死神》

六代目三遊亭圓生は死神退散の呪文を「アジャラカモクレン」のあとに本来は「キュウレンツ」というところ、NHKの放送時に「JOAK」、ロッキード事件の直後に「ピーナッツ」といったりして笑いを呼んだ。圓生以降その影響から、時々の流行語を入れる演者が多くなった。また、蝋燭の火が消えて主人公が倒れるという、客席に恐怖感を抱かせる落ちも、変えて演じる落語家が多い。《死神》は怖い話ながらも、落ちなどの工夫で演者のセンスを見せる落語にもなっている。

は

墓

《お見立《みた》て》《安兵衛狐《やすべえきつね》》

落語《たらちね》で、嫁に来た言葉が丁寧な女が真夜中、夫にいう。

「いったん、偕老同穴《かいろうどうけつ》の契りを結びし上からは、千代八千代に変わらせ賜うことなかれ」

「偕老同穴」ってなんだ？　夜中に新妻がいうんだから、なんかエッチな意味かと思ったら、違った。辞書を引いたら、「一緒のお墓に入ること」だって。確かに、お墓ってえのは穴だ。嫁なり婿なりが、相手の家で一生を終えて、そこの家のお墓に入る。一族の者として認められる、みたいな意味もあるのだろう。

落語には墓参りを扱ったものもいくつかある。

吉原の遊女、喜瀬川はお大尽の杢兵衛のことが嫌い。そら、お客だから、愛想のひとつもいう。女に愛想をいわれれば、男は嬉しい。杢兵衛は喜瀬川に熱をあげている。あんまりしつこいから、若い衆（遊女屋の男性従業員）の喜助に「喜瀬川は死んだ」といわせる噺が「お見立て」。

死んだといえば諦めて帰るだろう。杢兵衛は諦めない。「墓参りがしたいから、案内しろ」。

また喜助も間抜けだ。うっかり「墓は山谷」といってしまった。吉原と山谷は目と鼻の先。しかも山谷には寺が多い。寺が多いから、「墓はどこだ?」と聞かれて「山谷」とすぐに答えてしまったようだ。もちろん、喜瀬川の墓なんて、あるわけがない。生きてるんだから。

適当な墓に花を供える喜助、みず知らずの人の墓の前で号泣する杢兵衛のおかしな光景が描かれる。

遊女の墓なんていうのがそもそもない。親兄弟のために身売りしたのに、親兄弟とは縁を切られた。身寄り頼りのない遊女が死んだら、山谷にある投げ込み寺に葬られた。

投げ込み寺は二つあった。一つは三ノ輪の浄閑寺《じょうかんじ》。今もある。浄閑寺はもともとは投げ込み寺ではなく、安政の大地震の時に被災者の死体を投げ込むかのように葬ったので、投げ込み寺のように思われている。

もう一つは西方寺《さいほうじ》。吉原の近くにあったが、今は西巣鴨に移転した。西方寺の開祖は土手《どて》の道哲《どうてつ》。仙台侯に殺された二代目高尾の夫、島田重三郎《しまだじゅうざぶろう》が俗名。高尾の菩提を弔うために建てた、最初は寺というより庵だった。やがて、行き場のない遊女たちを葬り、投げ込み寺となった。二代目高尾の墓は今も西巣鴨の西方寺にある。

世の中にはいろんな墓参りがある。《安兵衛狐》の源兵衛は秋のある日、世間の人たちが「萩を見に行く」というのを聞いて、皆が萩を見に行くなら、「俺は墓を見に行こう」。萩と墓の洒落で、谷中に出掛ける。

谷中も寺が多い。山谷も谷中も江戸の郊外である。あんまり街中に、広い墓場のいる寺は建て難く、このあたりに寺が集まったのだろう。

さて、源兵衛、谷中にやって来ると、寺も墓もいっぱいある。なるべく色っぽい墓の前で一杯飲もうと、女戒名の墓の前で酒を飲み始める。酒飲むんなら女相手がいい。他人が萩を見ている時に、墓を見る。世の中に逆らう、この洒落が落語らしい。こうした言葉遊びを実践するのが、江戸の粋な遊びの一つでもあった。
墓には墓の趣もあるし、意外な出来事も起こる。卒塔婆が倒れたので墓の裏にまわると、墓穴がそのままで中に骨がある。何かの縁と回向に酒をかけると、その夜、幽霊が礼に来る。この頃はまだ土葬だったんだね。見知らぬ人の墓参りし、それも縁と回向をする。死者に対しても心優しい、遊び心と優しさこそが落語の良心だろう。このあと源兵衛は幽霊と所帯を持ち、隣家の安兵衛は狐を娶る。安兵衛は実は安倍保名《あべのやすな》で「葛の葉(1)」の伝説が「安兵衛狐」の原話である。

(1) 葛の葉…歌舞伎「蘆屋道満大内鑑《あしやどうまんおおうちかがみ》」に登場する、保名の妻で、安倍晴明の母。実は信太の森の狐。一連の安倍晴明の物語を総称して「葛の葉」と呼ぶ。

《お見立て》
吉原の遊女、喜瀬川は、嫌いな客、杢兵衛に「自分は死んだ」と思わせる。杢兵衛は喜瀬川の墓参に行きたいといい、若い衆の喜助と谷中へ。
吉原のしきたり、遊女や若い衆、客のいろんな思惑が描かれる。

《安兵衛狐》
幽霊の女房をもらった源兵衛と、狐の女房をもらった安兵衛、そんなのが近所になった住民たちは大騒ぎ。しかも正体が見破られた安兵衛の女房が逃げた。

もともとは上方落語《天神山》。

に 女房の死

《樟脳玉《しょうのうだま》》《三年目《さんねんめ》》

人の死は辛い。知人や身内の死は悲しみもあるし、その人の死により生活環境が変わってしまうこともある。中でも一番辛いのは配偶者の死ではなかろうか。

「あんなの死んじゃえばいいんだ」。元気なうちはそんなことをいう人もいるが、本心ではあるまい。

夫に死なれた妻は死活問題にもなる。だから、生活の手段として新しい亭主を迎える。《不動坊《ふどうぼう》》では、不動坊火焔《かえん》という講釈師が旅先で死に、借金まで残したので、女房のお滝は大家の世話で、四十九日も過ぎぬうちに小金を貯めている吉五郎のもとへ借金ともども嫁ぐ。

一方、妻に死なれた夫はどうするのか。

《樟脳玉》の捻兵衛《ねじべえ》。捻兵衛って名前が他の落語には出て来ない。ちょっと間抜けな響きもする一方で、しっかりと固定された捻の生真面目なイメージもあったりする。

捻兵衛は最愛の女房と死に別れる。捻兵衛の女房は元お屋敷勤めの美女。お屋敷の奥様に可愛いがられていて、嫁入り道具も支度してもらった。捻兵衛にとって高嶺の花のような女性だったようだ。捻兵衛と女房の結ばれた経緯はよくはわからない。捻兵衛は居職《いじょく》の職人のようだ。商人のような目先の利くタイプではないし、大工のような集団で行動するような職人でもない。居職で、一人でコツコツ仕事をする職人。真面目だけが取得だけに、おそらくはその取得が仲人の目に止まり、高嶺の花の美女と結ばれたのだろう。

捻兵衛は極上の女房をもらった。捻兵衛はそれこそ、下僕のように仕えた。早く起きて、おまんまの支度をして、常に女房を労わっていた。その女房が死んで、仕事も手につかず、毎日仏壇の前でボーッとしている捻兵衛を見た町内の男二人。なんとか励まそうと……、ここはショック療法しかない。女房の形見の着物や道具、奥様からもらった現金もある、それを全部奪ってしまおうと考える。

捻兵衛にとって、女房と過した数年間が人生の至福の時であった。その時間があったから、捻兵衛の人生は輝いた。立派な葬式を出し、持っていた自分の金も女房の金も全部使った。葬式に来た友達は、「強飯や煮しめがうまかった」といっている。十分な供養をしたんだ。あとは想い出に浸って生きたっていいだろう。「死んだら終わり」というが、案外そうでもないんだ。死んだ人間を知っている人が生きているうちは、想い出は残る。だんだん記憶は薄れるから、思い出の品物も大切なんだ。思い出にすがって生きている捻兵衛から女房の思い出を奪うなんてえのは、悪人が出て来ないはずの落語の、まれに見る悪人たちである。

一方、世の中のしがらみから、女房の死後、後添えをもらうことになる男の話が《三年目》だ、

《三年目》はわりと若い夫婦で、女房は自分が死んだあと、亭主が新しい女房をもらって仲良く暮らすのが口惜しいという。だが、家は商家だ。亭主がいくらそういっても、親戚が必ず縁談を持って来る。そうなれば断わるわけにはゆかず、必ず後添えをもらうはずだ。そこで亭主は女房に秘策を授ける。後添えをもらったら幽霊になって出てくればいい。そうすれば、後添えは逃げ出すし、あそこの家は先妻の幽霊が出ると噂になれば、誰も縁談をすすめなくなるだろう。

それを聞いた女房は安心したのか、数日後に死んでしまう。この亭主は捻兵衛よりは現実主義者なのか。商家で奉公人たちの生活も掛かっているから。後添えはもらう。それはそれで構わない。だが、一番愛したのは死んでゆく女房だし、彼女を哀れにも思っている。だから、幽霊で出てくれれば、むしろ嬉しいという。だが、幽霊は出なかった。出られない理由があった。落語には時に悲しく切ない笑いもある。

《樟脳玉》

捻兵衛は死んだ女房の遺品の着物や人形を眺め想い出に浸りながら生きている。それを見た長屋の悪党が、火の玉を見せて女房が浮かばれてないと嘘をいい遺品を奪おうと考える。

《三年目》

死んだ女房に「幽霊になって出て来い」といった亭主。女房は出て来なかった。亭主は新しい女房をもらい人生を再出発した三年目に、女房の幽霊が現われた。

ほ

本人生還

《佃祭《つくだまつり》》

《佃祭》という落語は、死にまつわるいろんな話が詰め込まれている、葬式の悲喜こもごも満載のドタバタ喜劇な落語だ。

神田お玉ヶ池に住む治郎兵衛は佃祭の見物に出掛ける。佃祭は佃島にある住吉大社の夏の祭礼で、たいそうな賑わいを見せる。佃島は現在では佃大橋もあるし、地下鉄でも行かれるが、江戸時代は完全な島で、渡し舟でないと行かれなかった。昭和三十年代くらいまで島で、築地からポンポン蒸気の渡し舟が運行していたそうだ。

治郎兵衛は、佃島から仕舞い舟（渡し舟の最終便）に乗ろうとしたところを、女に袖を引かれて、舟に乗り損ねてしまう。女は三年前、身投げをしようとしたところを治郎兵衛に助けられた。その恩返しがしたいという。渡し舟も出てしまい、治郎兵衛は仕方なく女の家に行く。女は今は佃島の漁師に嫁いで幸福に暮らしていた。そこに治郎兵衛が乗るところだった舟が沈んで、乗客も船頭も全員死んだという知らせが入る。情けは人のためならず、かつて人助けをした治郎兵衛は命拾いをした。他の死んだ乗客は気の毒だが、これだけでも一つの人情噺である。

一方、治郎兵衛の家では、佃島で舟が沈んで大勢人が死んだという噂が伝わって来る。治郎兵衛は仕舞い舟に乗るといっていた。治郎兵衛が死んだと思った家族や町内の人たちは葬式の用意をはじめる。

ここから、てんやわんやの葬式模様が展開する。観客は治郎兵衛が生きていることを知っているから、安心して、家族や町内の連中の、治郎兵衛の突然の死でのパニックや悲しみを笑って見ることが出来る。

佃祭見物を治郎兵衛に誘われていた男がくやみに来て、「行かなくてよかった」と思わず本音が出たり。バカだと思っていた与太郎が心のこもったくやみをいったり。女房のたまは、治郎兵衛の死骸を探しに行くという町内の人に着ているモノの特長を聞かれて、帽子や下駄の話をしたり、揚句は治郎兵衛が自分の名前の刺青を入れていると惚気《のろけ》話をはじめる。ここはかなりの笑いどころである。

そして、本人生還。翌朝、治郎兵衛は女の亭主に神田川まで送ってもらい帰宅する。夜中、通夜の席に帰宅するものもある。家では治郎兵衛の葬式がはじまろうとしていた。町内の人たちは死んだはずの治郎兵衛が帰って来たので、悲鳴を上げたり、念仏や題目を唱えたり大騒ぎになる。

死んだと思った人が生きていた、これは喜ばしいことだ。しかし、今まで苦労して用意した葬式の支度はどうするんだ？　ホントは嬉しいはずの生還に、なんかケチを付けたくなる、町内の連中の心理はなんともおかしい。

一方の治郎兵衛だ。自分が帰らなかった。家の者たちは心配しているに違いない。女房は焼餅妬きという演出で演じる演者もいる。「どこに泊まったのか」と文句をいわれるのが嫌だったりもする。家に帰ったら葬式の最中、まず母親が死んだのかと思う。どうもそうではないらしい。誰が死んだ？　家に入ると、町内の連中の様子がおかしい。まさか自分の葬式だとは思わなかった。

治郎兵衛はいくつくらいだろう。母親が健在という演出もあるから、そんなに高齢ではない。中年から初老、四十代くらいだろうか。健康だから、治郎兵衛の突然の死に町内の人々は驚いたりもするが、当人は少しは死を意識するような年齢かもしれない。自分の葬式はどんなだろうかと考えないこともないのではないか。誰が悲しんで、誰が葬式で働いてくれたかもわかってしまったが、やはり、一番悲しんだのは日ごろ焼餅妬きで口わずらい女房だったことを知ってホッとしたかもしれない。

《佃祭》

佃祭りは東京都中央区佃島の住吉大社で三年に一度行われている夏祭り。佃島へは今は都営大江戸線などやバスなどで行かれるが、昭和三十年代はまだ橋もなく、築地から、ポンポン蒸気船で渡った。江戸時代は船頭が漕ぐ渡し舟だった。

落語《佃祭》は、佃祭りを見に行った治郎兵衛が船頭の女房に助けられるちょっといい話と、治郎兵衛が死んだと思って起こる葬式騒動、与太郎が治郎兵衛の真似をして失敗する、佃祭りに関わるいくつかの話で構成されている。

へ

平家物語
《源平盛衰記《げんぺいせいすいき》》

「祇園精舎の鐘の声」ではじまる「平家物語」は、平安時代末期の源氏と平家の激しい戦いと、そこで死ぬ武将たちの哀れ、悲しみ、無常を描いた物語である。鎌倉時代から、室町時代に、琵琶の演奏による語りで綴られたことで、多くの人々に知られた。琵琶演奏の「平家物語」を「平曲」といった。

琵琶はもともとは西域で生まれた楽器で、シルクロードから中国を経て日本に伝わったのが奈良時代といわれている。正倉院に当時演奏された琵琶が収められている。奈良時代の琵琶は、雅楽の楽器の一つで、楽琵琶《がくびわ》といった。雅楽は今日でも皇室や神道の行事などで演奏され、楽琵琶もおそらく奈良時代の演奏方法で今日まで伝わっている。

琵琶が庶民の楽器となったのは、平安時代から鎌倉時代で、宮廷楽士が下級貴族に伝えた。百人一首の絵札（読むほうの札）で、蝉丸《せみまる》（1）が琵琶を抱えていたり、また、「徒然草」の吉田《よしだ》兼好《けんこう》、「方丈記」の鴨長明《かものちょうめい》も琵琶を手にした絵が残っている。彼ら下級貴族たちが嗜んだ琵琶が琵琶法師などの職業演奏家に受け継がれ、庶民に広がり、やがて彼らは源平合戦に取材した「平家物語」を語りはじめ人気を得た。

琵琶は江戸時代には三味線の流行ですたれてしまうが、薩摩や筑前など九州の地で命脈を保ち、とくに薩摩琵琶は、薩摩藩の武士たちの教養として伝承された。明治になり、薩長が政治の中枢を担うようになり、元薩摩武士の官吏らが広め、昭和の頃まで芸能の一角を成した。

宮廷音楽の楽琵琶と、武士の教養から庶民娯楽にと広まった薩摩琵琶があるが、琵琶のイメージとして「平家物語」の演奏楽器というのは強いものがある。

無常とか哀れを奏でるのには、ご陽気な三味線よりも琵琶のほうが向いているということだ。

琵琶語りで伝わった「平家物語」のエピソードが集められた落語に《源平盛衰記》がある。いわゆる地噺（2）というヤツで、ストーリーに関連した入れごとで笑いをとる。面白い面白くないは入れごとのセンスで決まる。噺の流れは、まず倶梨伽羅峠で木曽《きそ》義《よし》仲《なか》が平家の大軍を破るところ、以後、義仲は出て来ず、義経《よしつね》が主役となり、一の谷の戦い、屋島の戦い、壇ノ浦で終わる。だいたいがこの四つの戦いに、いろいろ入れごとを加えてゆく。だが、およそ落語になると、哀れだの無常などというものはない。何せ得意にしていた落語家が、昭和の爆笑王の初代林家三平《はやしやさんぺい》(3)だ。三平は誰から習ったかといえば、父であるやはり爆笑落語家の七代目林家正蔵《はやしやしょうぞう》(4)。正蔵は昔からの《源平盛衰記》改作して《常盤カフェ》という新作として演じたりもした。

三平から《源平盛衰記》を受け継いだのが立川談志《たてかわだんし》(5)で、文学調、昭和四十年代のお父さんたちが好きだった大衆小説だがね、そんな味わいを加味した毒舌調の《源平盛衰記》を演じた。

落語は笑いでコーティングするから。たとえ戦いや死が描かれていたとしても、哀れとか、無常には聞こえない。およそ落語と戦さは似合わぬものであろう。何せ落語は、二百八十年の平和が産んだ、平和呆けの芸能なのだ。江戸時代には戦争はないから、題材にしようもない。

《源平盛衰記》は、平清盛《たいらのきよもり》の栄華からの転落、源義経の活躍の裏に、敗れて落ちてゆく平家の姿が描かれている。地噺としてのギャグや、三平、談志らによる独特のセンスのほかにも、「平家物語」の「哀れ」を落語で際立たせるのもあるのかもしれない。何故、このネタが演じられているのか、他の歴史物語でなく《源平盛衰記》、その意味を考えてみたい。

(1) 蝉丸…平安時代の歌人。琵琶の名手であったといわれている。百人一首にある「これやこの 行くも帰るもわかれつつ 知るも知らぬも逢坂の関」が有名。

(2) 地噺…会話だけでなく、説明を中心に語られる落語。落語家のセンスで面白くなる。《源平盛衰記》《お血脈》《大師の杵》《西行》などがある。

(3) 初代林家三平…昭和の爆笑王と呼ばれた落語家。大正十四(一九二五)年~昭和五十五(一九八〇)年。昭和三十~五十年代、メディアで活躍。

(4) 七代目林家正蔵…落語家。明治二十七(一八九四)年~昭和二十四(一九四九)年。東宝名人会の専属となり、新作、改作で活躍。初代林家三平の父。

(5) 立川談志…落語家。立川流家元。昭和十一(一九三六)年~平成二十三(二〇一一)年。五代目柳家小さん門下。「笑点」「やじうま寄席」など、メディアでも活躍、《黄金餅》《芝浜》《源平盛衰記》《金玉医者》などを得意とした。参議院議員を一期務めるなど、活動は多岐。『現代落語論』(三一書房ほか著書も多数。

《源平盛衰記》

地噺というジャンルになる。会話によって物語が展開するのが一般的な落語だが、「地」と呼ばれるナレーション部分で物語を綴っている。《西行》《お血脈》《大師の杵》

などが地噺で、ただ物語を語るだけでなく、そこに演者のセンスで、さまざまな入れ事で笑いをとる、漫談的な面白さで真価が問われる。若き日の立川談志の口演をＣＤで聞くことが出来るが、昭和四十年代の政治や事件、若者の風習や大衆文学までも網羅した、当時の最先端な笑いを楽しむことが出来る。

と

溶ける

《そば清《せい》》

誰でも死ぬのは嫌だが、こんな死に方は嫌だというのはあるだろう。病気で苦しんで死ぬのは嫌だな。痛いのも嫌だが、長く寝込んで、家族に迷惑は掛けたくない。

今もあるんだろうか、ぽっくり寺っていうのがあった。お参りすると、あまり苦しまずにぽっくり死ねる。ある年齢を超えたら、それもいいのかもしれないが、あんまり早くぽっくり死ぬと、言い残したこと、やり残したことがあったりで、未練が残る。心臓麻痺や脳溢血でぽっくりはいいのかもしれないけれど、家でならともかく、路上で死んだら行き倒れになりかねない。

病気も嫌だが、殺されるのはもっと嫌だ。刀で斬られたり、銃で撃たれたり、首絞められたり、爆弾で木っ端微塵とか、凄い痛みがともないそうだが、案外一瞬で死ねるのかもしれない。

猛獣に食われるのも嫌だ。餓死や溺死も辛そうだ。

こんな死に方は嫌だは、いくらもある。やはり、人間、死にたくないという気持ちが強いから、こんな死に方ならいいよ、とは言い難いのかもしれない。

人間、意外な死に方というのもある。

《そば清》という落語。清兵衛は蕎麦の大食いの賭けで家を三軒建てたという強者。蕎麦限定の大食いチャンピオン。知らない蕎麦屋で、蕎麦を十枚くらいたいらげて帰るのを繰り返していると、町内の若い連中が賭けをもちかけて来る。

「二十枚食えたら一両出そうじゃないか。食えなければ一両置いていく、どうだい」

「二十枚なんて、とても食べられませんが、お近づきのご挨拶ということで」。

清兵衛は二十枚の蕎麦をぺろりと食べて一両もらって帰る。翌日も「どうも」と蕎麦屋に現われて三十枚、次の日は四十枚とたいらげて相応の金を勝ち取る。清兵衛は三、四十枚の蕎麦は平気で食べられるのだ。だが、流石に五十枚は食べる自信がない。五十枚の賭けをもちかけられた清兵衛は逃げ出す。

旅に出た清兵衛は、山中で、大蛇が狩人を飲み込む現場に遭遇する。流石に人間一人飲み込んだので、大蛇は腹がふくれて動けなくなる。この大蛇がある草を食べると、腹の中が溶けてしまう。清兵衛はその草が強力な消化剤だと思った。

江戸に戻った清兵衛は五十枚の賭けに挑む。四十八枚までぺろりと食べた清兵衛だが、あと少しが食べられない。風に当たりたいと表に出た清兵衛は例の草を食べる。しばらくして、町内の連中が表に出ると、そこには、蕎麦が羽織を着ていた。

清兵衛が消化剤だと思って食べた草は消化剤ではなかった。大蛇にとっての消化剤、人間を溶かす草、すなわち人解草だった。

落語にはＳＦチックな噺もある。人解草なんていうものがあるのか。それを細かに説明せず、「蕎麦が羽織を着ていました」と落とすのが落語の面白いところなのだろう。

それにしても、溶けて死ぬっていうのは嫌だな。

蕎麦を五十枚近く食べて動けない。この草を食べたら、蕎麦がスッと溶けてなくなると思っていたら、あらら、自分がどんどん溶け出すんだ。まず胃が溶けて、腹の中の蕎麦が噴出して……。かなりの痛みもともなうのか。溶けたことがないからわからない。悲鳴を上げる間もなく、全身が溶けたのだから、痛みがなかったのなら、まだましか。溶けて何もかもなくなった。たかが、賭けの金のため？　いや、限界に挑みたかったのか。限界を越えて薬草を頼った。自然界は何があるかわからない、いや、欲張ってずるいことをすると溶けるぞ、という戒めか。なんにしろ、溶けて死ぬのは御免だ。

《そば清》

《そば清》を得意にしていた落語家に十代目金原亭馬生がいる。「どうも」といって店に行って来る清兵衛、その「どうも」の中に清兵衛のしたたかさが満ちていた。「どうも」の一言に人物のすべてを集約させて描き、さらにはその一言で笑いまで生み出していたのが、落語の名人芸の極みといえよう。

清兵衛だけでなく、江戸っ子たちの物見高さ、蕎麦の賭けなどという江戸っ子ならではの遊び心からＳＦっぽい落ちまで、深みのある噺である。

お江戸こぼればなし　壱

蝋燭屋

蝋燭は江戸時代は貴重な照明器具である。電気のない江戸時代だからといって、夜になったらすぐ寝ていたわけではない。夜なべ仕事や書見をするための、わずかな照明はあった。

当然、それを専門に売る蝋燭屋があった。蝋燭は平安時代の頃すでに中国から輸入されていたが、宮廷や大きな寺院などでしか使われてはいなかった。江戸時代になり国内で蝋の製造が出来るようになったが、まだまだ高価な贅沢品であった。

一般家庭が照明として用いたのは、行灯。行灯とは、木や鉄の枠に和紙を張り、その中で灯明皿の油に火を点したもの。もともとは手に持って移動する照明器具だったが、提灯の普及で行灯は室内照明として用いられた。油に火を点す行灯と蝋燭では、蝋燭のほうが明るかった。

落語《二丁蝋燭》は、女房の実家に行った男が日が暮れて帰ることになり、提灯の蝋燭を忘れたと嘘をいって、蝋燭をもらって帰ろうという ケチの話。ケチでなくても、もらえるならもらって帰りたい高価な品物だった。

ち 父親の死

《インドの落日《らくじつ》》《片棒《かたぼう》》

自分が死んだあと、家族はどうなるのか。たとえば子供が小さかったら。そら、心配で死ぬに死ねない。死ぬに死ねなくても、寿命だから、心残りでも死ななきゃならない。三遊亭圓丈《さんゆうていえんじょう》(1)の新作落語《インドの落日》は幼い三人の子供を残して死ぬ父親の話。財産なんてない。ただただ無念のうちに死ぬ父親だが、彼は子供たちに「志」を残して死ぬ。

一方、財産を残した人も、自分が死んだあと、子供たちや親戚に争いが起こったらと思うと不安だろう。遺言通りにことが運ぶとは限らない。死んでいるから、意見もいえない。

落語《片棒》。吝嗇《りんしょく》な金持ち(赤西屋ケチ兵衛)には三人の子供がいる。誰に財産を譲ろうか悩む。そこで、一人一人に自分が死んだ時にどんな葬式を出すのか聞いて、その了見を見ようと考える。

ケチ兵衛は商売を成功させ、その上に吝嗇で、財産を築いた。彼のアイデンティは財産を増やすということにある。彼が一代で築いた財産を、息子の世代も守り続けて欲しい、いや、さらに大きくして欲しい。そして、孫や子孫も志を受け継ぎ、財産を増やし続けて欲しいと考える。この家が財産を増やし続けるのなら、彼の志は死んだのちも生き続ける。三人の息子のうち、誰が彼の志を継ぐことが出来るのか。

長男、次男は、父親の志を継ごうなんて気はまったくない。道楽者で金を使うことしか考えていない。葬式で芸妓を上げたり、祭りの山車まで出て来る。面白過ぎる。財産を作った父の偉業を讃えれば喜ぶとでも思ったのか、いやいや、こやつらは、ただただ自分たちが葬式を理由に派手な遊びがしたかっただけだ。

三男は空気を読む奴だった。落語家によっては、ちょっとした一言で、実は三男も、長男、次男同様の道楽者とする人もいる。道楽者でも吝嗇でも、どっちでもいい。三男は父親の喜ぶ、ケチな葬式を提案する。

棺桶なんかどうせ燃やしてしまうものに金なんか掛けない。他の落語に登場する菜漬けの樽の使い古しで十分。臭い？　死んでるんだから、わかりはしないよ。出棺時間の二時間前に出棺してしまう。弔問客が来ても、「もう出棺は済みました」といえば、茶の一杯も出さずに済む。香典はもちろんいただく。

嬉しいのかなぁ。菜漬けの樽に入れられ、誰にも送られずに焼き場に運ばれて。でもそれで、弔問客へのお茶代が浮けば、三男は志を継いだことになるのか。死んじゃえば、わかんない？　長男、次男の派手な葬式だって、わかんない。どんな葬式を出してもらえるのか興味はあるけれど、それればかりはどうやってもわからない。

ちなみに、武家はたいてい長男が家を相続するが、商家は長男相続とは限らなかった。長男に商才がなければ次男三男が相続することもあり、息子たち全員に商才がなければ、商才のある者を娘婿にして跡を継がせたり、娘もいなければ、息子たちがいても親戚から養子をもらうこともあった。商才のない奴が跡を継いで店が傾くことだけは避ける。その場合、跡を継がない息子たちは、資本を出してもらって別の商売をしたり、若隠居させられる場合もあった。だから、「葬式をどうする？」という父の問いは兄弟たちにとっても運命の掛かった試金石なのだ。

《片棒》でなくても、葬式で何をいわれるかも、誰が悲しんでくれるのかも、わからない。

ホントに死んだら、派手な葬式で盛り上げながらも、案外、道楽者の息子たちが泣いてくれるのかもしれない。

（1）三遊亭圓丈…新作派の落語家。昭和十九（一九四四）年〜。六代目三遊亭圓生門下。「実験落語」などを主宰し、新作落語のムーブメントを起こす。新作を作り続け今なお戦い続けている新作落語の戦士。代表作《グリコ少年》《悲しみは埼玉に向けて》など。

《インドの落日》

三遊亭圓丈・作、昭和五十四（一九七九）年の新作落語。移動八百屋の父の突然の死と残された三人の子供を描いたシリアスな一席だが、最後の死体置き場の場面が圧巻。

《片棒》

ケチの話の代表作。息子が父親の葬式の計画を語る場面の、山車の囃子の真似や、人形ぶりなど、見せ場が時代によって工夫されている。「山車の人形が電線をくぐる」というクスグリの本物は今も川越祭りで見られる。

り　輪廻転生

《地獄八景亡者戯《じごくばっけいもうじゃのたわむれ》》

死の何が怖いか？　死にともなう痛みや苦しみもあるが、それ以上に死んだらどうなるのかがわからない、というのがある。

僧侶や聖職者はいう。善行を積めば天国（極楽）に行き、悪行を行えば地獄に堕ちる。で、地獄というのは、嘘つきは閻魔に舌を抜かれ、針の山や血の池で、鬼に責められる。ところが、地獄に行きたくないから善行を積むかというとそんなことはない。対して、金のため名誉のため、人は平気で悪行を行う。落語の登場人物なら、酒、博打、女郎買いなんていうのは当たり前だ。嘘をついたり、場合によっては盗んだり殺したりもしかねない。基本的に人間、己の欲望のままに生きる。これはまずいなと思って、ちょっと人に親切にしたりしても、その程度の善行では相殺されない。

そんな時に僧侶や聖職者はいう。「お寺（教会）の掃除や修繕を手伝えば、他よりも善行を積んだことになりますよ」。いや、忙しくて、掃除に行く時間なんてない。「なら、お金を寄付していただければ、善行を積んだことになりますよ」。なるほどね。寺や教会に寄付すれば、地獄に堕ちずに済む。これを「地獄の沙汰も金次第」という。

沙汰とは裁判の判決。地獄の入口で閻魔大王が、地獄行きか極楽行きかを決める。浄《じょう》玻璃《はり》の鏡《かがみ》（死者の善悪を映し出す鏡）に死んだ人間の一生が映画みたいに写り、沙汰が下る。仏教でなく、道教の発想だ。

もともと仏教では、そんなことはいってない。むしろ生きることは修行だといっている。辛いのが当たり前。昔は生きるために、皆、必死で働いた。働くことは自然との戦いだった。自然との戦いに勝って多少の富を得ると、今度は人間同士で争う。自然との戦いや戦争、そして、病気になれば苦しみ、長生きをして老いれば苦しみが待っている。

そうして人間としての修行を終えて死ぬと、今度は六道を輪廻する。他の世界に生まれ変わるのだ。

六道とは、天、人間、修羅、畜生、餓鬼、地獄。地獄で苦しんだり、馬や牛に生まれ変わったり、飢えたり、戦ったり、いろんな修行をするんだ。そして、また、人間に生まれ変わったりもする。

よくアツアツのカップルなんかが「来世でも一緒になりましょう」なんていう。来世があるんだかないんだか知らないけれど。来世でもまた会ってカップルになれると思うのは勝手。ロマンチックでいいっちゃいいが、本来は、今世で修行が足りないから、生まれ変わって修行をやり直す。そうやって何度か六道を巡り、悟りを開いたら「仏」になれる。「仏」がなんなのか、難し過ぎて、正直わかんない。だが、なんとなくわかるのは、酒が飲みたいとか、うまいものが食いたいとか、それこそ男女の愛とかね、そういうことをなんとも思わなくなる。いいことだけでなく、苦しみも克服して「無」となる。「無」となって宇宙と同化する。書いていても、ぜんぜんわかんないけれど。なんかそういうところに到達するために、いろんな修行を繰り返すものなのだそうだ。それだけ昔は毎日が辛かった。いや、今だって辛い？　辛い人も多いと思うが、少なくとも現代は、人々は幸福のために頑張っている。昔は生きるために辛いことを受け入れずにはいられなかった。今は幸福のために、辛いことも頑張る、で、生きることの意味が違って来たのかもしれない。

地獄に付いては、「地獄」の項目で詳細を記そう。地獄を描いた落語はいろいろあって、やはり「死んだらどうなるか?」には興味があり、地獄ですら笑い飛ばすのが落語である。怖い場所を逆手にとって笑いに転嫁する。上方落語の《地獄八景亡者戯》なんかは地獄見物に行くんだ。皆で河豚に当たって。帰って来られる（生まれ変わる）と思ってのことかは知らないけれど。辛い浮世も、苦行の地獄も、笑っていられれば極楽だね。

《地獄八景亡者戯》

上方落語の大ネタのひとつ。上方落語には旅の噺というのがあり、「東の旅」は伊勢参り、「西の旅」は金比羅参り、「北の旅」は池田、阪急の終点で北は案外近い。「南の旅」は紀州路から熊野。他に、異国の旅、海底の旅、月の旅、そして、究極が地獄の旅。行ったら帰って来られない旅、これが究極だろう。

江戸っ子は「一生に一度お伊勢参り」といわれたが、上方は「伊勢に七度、熊野へ三度」といわれた。上方のほうが旅が日常的だったのかもしれない。

ぬ 盗人に殺される

《お化《ば》け長屋《ながや》》《新聞記事《しんぶんきじ》》

「落語に悪人は出て来ない」

でも、泥棒は出て来る。人の金や物を盗むんだから、泥棒は悪人なんだけれど、人には「出来心」というのもある。悪いと知りつつ、やむにやまれず盗みを働く者もいる。人情噺《安中草三郎《あんなかそうざぶろう》》は「初手の悪事は親のため」、病気の父親が粥を食べるのもままならずに苦しんでいる。街道で荷運びをやって病気の父親と暮らしていた少年が、たまたま茶店に腰をおろした武士が持ってた大根の味噌漬けを見て、うまいおかずがあれば粥も食べられるに違いないと盗む。親孝行ゆえの悪事だ。講談《いかけ松《まつ》》は、夏の暑い日に草履も買えず裸足で泣きながら歩いている子供を見て、一方で昼間から川遊びをしている金持ちがいる、そんな世の中の理不尽に怒ったいかけ屋（鍋、釜などの補修をする職業）の松五郎が商売道具を川に投げ捨てて盗賊になる決意をする。これはカッコいい悪党だ。

落語に出て来る泥棒はそんなのはいない。親孝行でもないし、世の理不尽を正すために泥棒なんかはしない。ごくごく普通の空き巣やカッパライ。そして、落語に出て来る泥棒は、たいていは間抜けな泥棒だ。およそ泥棒という稼業には不向きな、泥棒の中でも落ちこぼれな連中だ。

《転宅《てんたく》》では入った先の美女に色仕掛けで騙されて、金まで巻き上げられる。どこの世界に泥棒と夫婦約束をする女がいるものか。翌日行ったら、女は引っ越したあとで、しかも家のまわりには刑事や探偵が張り込んでいる。

《夏泥《なつどろ》》は入った家の男が貧乏で、同情もあるが半ば脅されて銭を巻き上げられる。泥棒に入って銭を巻き上げられては世話はない。

「おい、腰に差した二尺三寸のダンビラ（刃の幅広な刀）が目に入らねえか」

「ダンビラなんか差してないじゃないか」

「今日は家に忘れて来た」

こんな泥棒ばかりである。

堅気が勤まらなくて「泥棒でもやろうか」となったが、それも勤まらない。悪人でなく、ただ駄目な人。だからといって、優しく見守ってあげるわけにはゆかないが。

だが、中には、ダンビラを忘れて来ない泥棒もいたりする。

《お化け長屋》は一人暮らしの後家さんの家に入る泥棒で、後家さんの寝姿にムラムラと来た。このあたりは間抜けなんだ。仕事中に女の寝姿にムラムラ来ることが間違い。だが、来ちまったものは仕方がない。女を襲おうとする。当然、目を覚ました女は悲鳴を上げようとする。悲鳴を上げられてはたまらないから、泥棒は懐の匕首《あいくち》で女を刺殺して逃げる。

《新聞記事》、泥棒は天ぷら屋の竹さんの家に泥棒に入る。竹さんは柔術の心得があり、泥棒をねじ伏せた。ここまではよかった。やはり泥棒は懐に匕首を忍ばせていた。くみ伏せられた下から、竹さんの心の臓をズブリ。そのまま逃走する。この泥棒はすぐに捕縛された。入った家が天ぷら屋だけに、「揚げられた」。

この二つの話は、落語の登場人物による作り話。落ちもあって落語なんだけれど、実際に泥棒と遭遇したら。現実は武器を忘れてくるような間抜けな泥棒ばかりではないのだ。腕に覚えがあっても、捕らえようなどと思ってはいけない。ましてや、女性など、どうすれば身の安全が守れるのかを考えておかねばならない。戸締り、そして、近所との連携、無念な死に方をしたくなければ、そうした用意を怠らないことという、落語は警鐘でもあるようだ。

《お化け長屋》
物置きに使っている長屋の空き部屋確保のため、杢兵衛ら長屋の住人は怪談話を仕立てる。
五代目古今亭志ん生、三代目三遊亭金馬らが演じて現代に伝わる爆笑落語。

《新聞記事》
上方落語の明治時代のネタ《阿弥陀が池》（作・桂文屋）の改作。
隠居が無教養な男に新聞を読めといい、新聞に出ていたという身近な殺人事件の嘘話を聞かせる。男は話を真似て失敗する。真似をして失敗するオウム返しネタの典型な爆笑ネタ。

る　流刑地での死

《お富《とみ》与《よ》三郎《さぶろう》》《島衢《しまちどり》沖津《おきつ》白浪《しらなみ》》

江戸時代、犯罪者の刑罰に流罪があった。遠島、あるいは島流し、ともいう。死刑になるほどの罪ではないが、そこそこの重罪を犯した者に科せられた。

伊豆七島や佐渡ヶ島に送られて、日常生活からの離脱を余儀なくされる。とくに佐渡ヶ島では、金山の水汲み人足の強制労働をさせられる。一方の伊豆七島は、島役人から監視はされているが、島内では比較的自由に生活が出来た。

今日の懲役に近いが、懲役との大きな違いは、遠島は有期刑ではなかった。十年とか二十年、我慢して島で暮らせば戻って来られるわけではない。おそらく、二度と江戸の地を踏むこともない、家族とも会えない、島の土となって死ぬ運命にあった。

ただし、まれに恩赦がある。将軍や天皇が代わったりすれば、慶事の恩赦で何人かは許されて、江戸に戻ることが出来た。

武田信玄《たけだしんげん》の孫に当たる信道《のぶみち》は、武田家滅亡の後、元武田の臣で徳川家に仕えていた大《おお》久保長安《くぼながやす》に匿われていたが、長安の死後、長安は横領事件で告発され大久保家は断絶、そのおり信道は連座で大島に流罪になった。信道は大島で死んだが、その息子が恩赦で許され、五百石の旗本として武田家の家名を残した。次世代でやっと恩赦を得た、などというのがある。

ちなみに、佐渡ヶ島に流されるのは強盗などの凶悪犯、伊豆七島は政治犯やあるいは文化人が流された。

武田の末裔なども ある意味、政治犯。関ヶ原の戦いで破れた宇喜多秀家《うきたひでいえ》は八丈島に流され、浮田と名を改め代々が明治まで八丈島で暮らした。

伊豆七島の流人は島の女と結婚して暮らす者もいたようだ。

人情噺には罪を犯して流刑になる人物の噺も多くある。

佐渡ヶ島に流刑になるのは《お富与三郎》の与三郎だ。歌舞伎の「与話情浮名横櫛《よわなさけうきなのよこぐし》」、「源治店《げんやだな》」でおなじみの与三郎は無宿人狩りで捕縛され、佐渡ヶ島に流され、水汲み人足となった。犯罪を未然に防ぐため、幕府は時々ドロップアウトした無宿人を排除したのだ。

水汲み人足は過酷な労働で、多くの流罪人たちが与三郎の目の前で死んでゆく。このままでは自分も死ぬと思った与三郎は、仲間と佐渡を破獄する。

そうして、品川でお富と再会した与三郎、劇的な最期が切なく哀しい。

八丈島から島抜けしたのは佐原の喜三郎。人情噺《島衛沖津白浪》だ。八丈島と三宅島の間には黒潮が流れている。これを乗り越えての破獄は絶対に不可能といわれていた。佐原の喜三郎は下総佐原の出身で、日本地図を作った伊能忠敬《いのうただたか》と関わりがあった可能性もある。また、「八丈実記」の著者で、民俗学者の近藤富蔵《こんどうとみぞう》とも関わりがあった。富蔵は隣家とトラブルを起こし、隣家の者たちを殺傷し、八丈島に流された。その時期が喜三郎と重なる。富蔵は五十年八丈島で暮らし、明治時代になり恩赦となった。

破獄した喜三郎は一度は捕縛されるが、何故か許されて、土浦の侠客の家で畳の上で死んだ。八丈島からの破獄に、何か裏事情があったのではないかといわれている。

遠島は地獄への片道切符だ。でも、そこから破獄した人情噺の主人公たち。島抜けなど出来るものではないが、やってのけたのは、すぐそばに死が迫っていたからに他ならない。死と背中合わせの状況に陥った時、人にはとんでもないパワーが生まれる。あと、そうとうな運もあったのだろう。

《お富与三郎》

歌舞伎「与話情浮名横櫛」の原作の人情噺。十代目金原亭馬生が演じ、五街道雲助とその一門に継承されている。

《お富与三郎》の口演を馬生にすすめたのが、永井啓夫である。

《島衛沖津白浪》

明治時代の柳派の名人、談州楼燕枝が演じた人情噺。講談「天保水滸伝」の登場人物の一人、佐原の喜三郎が主人公。十代目馬生が《大坂家花鳥》の場面を一席にして演じていた。

現在では、むかし家今松、柳家三三が演じている。

を 乙女の死
《たちきり》

「恋わずらい」なんていうのは死語だという人がいるが、ストーカー事件とか、実際に男女の愛憎からいろんな事件が起こっている現代、「恋わずらい」がない話ではない。普通はね、失恋したら、まぁ、しょうがない。「次、行ってみよう!」でいいのかもしれないが、ホントに愛してしまったら、そんなに簡単に次には行けない。

落語の恋わずらいは男がなる。《崇徳院《すとくいん》》の若旦那や、《紺屋高尾《こうやたかお》》の紺屋(染物屋)の職人だ。男が恋にくよくよ悩み、飯が喉を通らなくなって、無精髭ものびて、だらしなく寝込んでいる。純情なのか軟弱なのか、心は純情でも見た目は薄汚い、そんな様子がおかしいから落語の題材になるのだろう。

《崇徳院》の若旦那や、《紺屋高尾》の紺屋の職人もわずらいついて死ぬところだったが、まわりの助けで一命をとりとめる。《崇徳院》は恋の相手のお嬢様を探したら、相手も若旦那に恋わずらいでめでたく結ばれるというご都合主義なハッピーエンド。いいじゃないか、落語なんだから。のう天気なハッピーエンドが落語なんだ。

そして、《紺屋高尾》、相手は夜桜見物で見掛けた、松の位の花魁、高尾太夫。親方に「三年働いて金を貯めて会いに行け」という言葉で立ち直り、三年後に会いに行って結ばれる。ホントはバレ噺[1]だったのが、大正の頃に心温まる人情噺になった。

女の恋わずらいは、男より深刻で、なかなか笑えない。恋わずらいで乙女が命を落とす落語に《たちきり》がある。上方の《たちきれ線香《せんこう》》。主人公の乙女は芸妓だ。名を小糸という。娘芸者といって、お茶屋の娘で芸妓になった女。生まれながらのプロフェッショナル。なんだけれど、若旦那と相思相愛の仲となる。ところが、若旦那、金を使い過ぎて父親に怒られる。そして、百日間の蔵住まい、早い話が軟禁されてしまう。そうとは知らない小糸は若旦那が心変わりをして会いに来てくれなくなったと思い煩う。日に日に弱ってゆく体で、小糸は必死に若旦那に手紙を書くが、手紙は蔵住まいの若旦那のもとへは届かない。

百日が経ち、若旦那は蔵から出る。番頭から、小糸から日に何通もの手紙が来たと聞かされ、最後の一通を渡される。「ちょっと出掛けてくる」と言い残し、若旦那はお茶屋へ駆け付けると、すでに小糸はこの世のものではなかった。

小糸の母親に事情を話し、仏壇に線香を上げる若旦那。すると不思議や不思議、仏壇に供えてあった小糸の三味線が鳴り出す。上方は「雪」、東京は「黒髪」(2)の演奏が下座で入る。上方落語は鳴物が入る噺が多いが、爪弾くように、しみじみと地歌が流れる落語は珍しい。そして、演奏は途中で止まる。

「どうしたんだ」

「若旦那、いけません。線香がたちきれています」

というのが落ち。

この落ち、今の人はわからない。時計のない時代の話だ。花柳界では、芸妓の時間を線香で計った。線香一本いくらという、線香が燃え尽きるのにどのくらいの時間が掛かったんだろうね。何本も線香を燃やして、おそらく若旦那は金を使ったんだ。

恋わずらいも、芸妓となると、恋と営業が入り混じる。恋わずらいで死んだって、線香が気になる。生まれながらのプロフェッショナルは死んだってプロフェッショナルなんだ。落語だから。花柳界が欲得づく、花柳界の女の性根を描いているんだろうが、何もそれは花柳界に限った話ではない。金額が違うだけ。死ぬほど焦がれるんだから、小糸はただの欲得づくじゃないんだよ。恋もあり、金銭欲もあり、どっちも真実なんだ。いろんな感情が入り混じることが生きるってことなんじゃないか。

(1) バレ噺…エッチな話。お座敷などで演じられ、普段の寄席にはあまり出ない。

(2) 「雪」「黒髪」…地歌の曲目。《雪》は芸妓だった尼僧の若き日の回顧、《黒髪》は失恋した女性の寂しさを歌った。

《たちきり》

上方の《たちきれ線香》は、五代目桂文枝の名演が懐かしい。若旦那や芸妓置屋の母親を通じて娘芸者のかわいらしさや小糸の面影を見せた。船場の大店を舞台にした典型的な商家ものでもある。東京では、故古今亭志ん朝が粋で切なく芸妓を演じた。前半は若旦那の処遇をめぐる話し合いが親戚一同により行われるが、主人、若旦那、親戚、番頭、丁稚と、それぞれの感慨が笑いだくさんに綴られる。

お江戸こぼればなし　弐

葬儀屋

スムーズな葬儀を営むためには、葬儀屋は欠かせない仕事ではある。ところが、いわゆる葬儀屋という商売が出来たのは、わりと最近のことらしい。葬式がセレモニー化すれば、それだけスタッフもいる。しかし、セレモニーとしての葬式が必要なければ、火葬場の職員がいれば、とくになくてもいい仕事なのかもしれない。

昔も葬式はあったが、仏葬が一般化されたのは江戸の中期といわれている。それまでは、棺桶に納めて墓場に埋めるだけだった。人の死がわりと身近だった時代は、そんなに大きなセレモニーは行われない。通夜で故人を偲び、翌日には親しかった身内か近所の男性が棺桶を担いで運んだ。身内がいなければ、町内の代表が担いだ。《長屋の花見》や《黄金餅》で、今月の月番と来月の月番が棺を担ぐ話が出て来る。担ぐのは身内か町内の者だが、穴を掘って埋めるのは、寺で雇っている雑役夫が行った。彼らは葬式があると相応の駄賃がもらえた。《こんにゃく問答》の権助も「このところ葬式がないから実入りがなくて困っている」といっている。葬儀屋のはじまりは、寺の雑役夫であろうか。

わ

藁人形

《悋気《りんき》の火《ひ》の玉《たま》》《藁人形《わらにんぎょう》》

他人を恨むことはある。あの野郎、ブッ殺してやる、と思うこともあるだろう。だけど、たいていは殺さない。怒りの感情なんていうのは一瞬で、しばらくしたら、殺すほどでもないと思って諦める。

殺したら警察に捕まるリスクもある。完全犯罪を思い付いても、ホームズやポアロやコナンみたいなのがいないとは限らない。だから、殺さない。殺さないけれど、やはりブッ殺してやりたいという気持ちが治まらない時はどうするか。

昔は呪い殺す、なんていうのもあった。それこそ、奈良、平安の昔から呪詛はあった。政治の権力闘争の陰で、呪詛合戦が行われた。むしろ、平安時代は呪詛が禁じられた。いや、それが政争の具に使われて、呪詛の冤罪で失脚する者がいたりした。

近年では、女性に呪い好きが多い。ちょっと前のティーン向けの雑誌には、呪いのコーナーがあったりした。笑ったのは、浮気者の彼氏が勃起しなくなる呪い。これは怖いね。ある日突然、原因不明で勃起しなくなったら、男は驚くよ。

女性が、彼氏や夫が浮気をした時に、怒りの矛先がどこに行くのか、彼氏や夫に直接行くのか、浮気相手の女性に行くのか、これが人によって違うらしい。

《悋気の火の玉》という落語は、蔵前のさるお店の旦那が、根岸にお妾を囲った。武家は血縁の後継を作らねばならないから、仕方なく側室を持つ。町人は後継は血縁でなくても構わない。町人が妾を持つのは、俺は妾が囲えるほど金があるという虚栄心か、ただのスケベかのどっちかだ。この旦那は虚栄心があってスケベだった。

おもしろくないのは奥様だ。永年連れ添い苦労を重ねて来たのに、旦那は妾にデレデレしている。また女性の嫉妬には地位保全というのもある。愛が移れば捨てられる可能性もある。武家の場合、正室、側室のけじめがある。側室も地位が守られているから、正室に敬意を払う。町人はどっちの地位も武家ほど安定はしていない。そうなると、奥様はいつ妾に足元をすくわれるかもしれない。

妾、許せん。どうするか。呪い殺すしかない。昔は藁人形というのがあった。丑の刻というから、午前二時頃、神社の裏のご神木、藁人形に五寸釘を打ち込む。

この話を噂に聞いたお妾さんは「おのれ本妻、五寸釘とは笑止なり」と、六寸釘を打つ。これを聞いた奥様は七寸釘、お妾は八寸釘、奥様は九寸釘……。呪いが昂じて、両方死んじゃった。

これを「人を呪わば穴二つ」という。なんでも自分に返ってくる。自分が死んだって構わないから、相手も殺したい、くらいに恨むなら、もうそれは仕方がないのかもしれない。

この奥様と妾は死んでからも火の玉になってバトルを繰り広げる。陰々滅滅《いんいんめつめつ》な呪いの話も、落語は気の強い二人の女による意地の張り合いと、間に入って右往左往するスケベ旦那の存在で爆笑になる。

藁人形を題材にした噺をもう一つ、《藁人形》。元糠屋《ぬかや》の娘だという遊女、お熊に、老人がまんまと騙されて、虎の子の金を奪われてしまう。老人は遊女を呪い殺そうと、藁人形を油鍋に入れて煮る。相手は糠屋の娘だから釘では駄目なんだ。「糠に釘」という諺がある。

この噺はかなり残酷な話だ。若干欲に迷ったところもあるが、奪うのは老人が頼りにしている老後の命金だ。お熊は、金を奪って、いたぶり、老人を失意に落とすのを楽しんでいるところがある。彼女が元は堅気の糠屋の娘で、自らが零落して遊女になった過去があるから、同情の余地がなくもない。悪女がツボな男性も世間には多いから、こういう女は案外モテるんだな。

《悋気の火の玉》

奥様と妾が火の玉になっても争うという滑稽噺。八代目桂文楽が得意にしていた。年齢や立場の違う二人の女性の描き方が難しいネタでもある。

《藁人形》

千住を舞台にした、遊女が老人を騙す噺。八代目林家正蔵が演じていて、入船亭扇橋から一門に継承されている。千住は、千住大橋の北が本宿、南の二町が「こつ」と呼ばれる遊女屋の街だった。

か

仮死
《臆病源兵衛《おくびょうげんべい》》

《臆病源兵衛》って落語は、昔、十代目金原亭馬生《きんげんていばしょう》(1)の口演を一度だけ聞いたことがある。なんとも摩訶不思議な噺だ。この噺を何かの加減で弟子の五街道雲助《ごかいどうくもすけ》(2)が演じ、孫弟子の桃月庵白酒《とうげつあんはくしゅ》(3)が演じて、今は何人か持ちネタにしている落語家もいる。

でも、変な落語だよ。

兄貴という、そこそこ金も持っていて優雅な人物がいて、ここの家に夕方、八五郎と源兵衛が遊びに来て酒盛をしている。兄貴には妹がいて、これが妾奉公に行っているから金まわりがいい。源兵衛というのがタイトルの通り臆病者。八五郎はいたずら者で、暗がりで源兵衛を驚かして笑おうと考える。赤い手ぬぐいをかぶって、暗がりから「ふぁ」と出たら、源兵衛は驚いた。「ギャーッ」と悲鳴を上げて、持っていた薬缶《やかん》で八五郎の頭を殴った。八五郎は死んだ。

人間うっかりしたことをしてはいけないんだ。いたずらで他人を驚かして、死んじゃった。一方の源兵衛、不可抗力とはいえ、人を殺した。自訴すれば減刑はされるだろうが、下手すれば死罪、よくても遠島。兄貴は死体を棄てて、なかったことにしようといい、八五郎の死体を樽に入れて、源兵衛に棄てに行かせる。

臆病者の源兵衛、夜中、真っ暗な道を死体の入った樽を担いで歩く。怖くてしょうがない。あんまり怖いんで、街の中に棄てて逃げてしまう。

さて、八五郎、これが実は死んでいなかった。殴られて気を失っただけ。仮死状態だった。ここでこの噺の不思議、主人公が源兵衛から八五郎に代わる。兄貴も源兵衛も八五郎が死んだと思った。八五郎も自分は死んだと思っている。死ぬほど痛かったんだ。いや、気が付いてからも痛みは残っていたに違いない。気を失うくらい殴られたことがないからわからないが、気がついたら真っ暗なところにいた。死んだと思っても仕方がない。いや、死んだか生きているかくらい、わかるだろう。わかんないよ。死んだことはないんだから。死んだらどうなるのかは、わからない。痛かった、それで意識がなくなった。死んだと思っても仕方がない。

ふらふらと樽から這い出し、真っ暗な街をしばらく行くと、上野に出る。不忍池があって、蓮の花が咲いているから、極楽に来たと思い、池に入って行く。ここから八五郎は自分が極楽にいるのか、地獄にいるのかわからず、上野のあたりを歩き回る。いや、生きてるんだけれどね。

その頃は、上野のあたりには私娼窟《ししょうくつ》なんかがあった。華やかな町並みは極楽のようでもある。一方、灯の消えた場所もあり、そんな所は地獄のようにも見える。極楽と地獄が背中合わせの場所、いや、ホントの極楽と地獄も、もしかしたらそんなような場所なのかもしれない。

前半は臆病者の源兵衛が軸、後半は死んだと思った八五郎が現世の地獄、極楽をさ迷う話になる。

医学の知識なんて、一般人の兄貴や源兵衛にはないから、気を失ってピクリとも動かなくなった八五郎を見て死んだと思っても仕方がなかろう。死んだと思うのは仕方がないが、こいつらは冷たい。いや、源兵衛は気が動転しているだけだが、兄貴は友人の死を悼む気持ちなんかまるでない。源兵衛が死罪になるかもしれない、それよりも、関わり合いで自分も調べられると面倒という気持ちがあるのかもしれない。兄貴が優雅に暮らしているのは妹のおかげだけではあるまい。そういう気持ちもあるんだろうが、病気や事故で、わりと死が当たり前だった時代、死んだ人間のことをとやかくいっても、もうしょうがない。生きている人間の保身を考えるのが普通なのかもしれない。

でも、八五郎は死んでいなかった。経の一つでも読んでいるうちに、仮死の八五郎は息を吹き返して、笑い話で済んだかもしれない。

（1）十代目金原亭馬生……落語家。昭和三（一九二八）年～昭和五十七（一九八二）年。五代目古今亭志ん生の長男で、故古今亭志ん朝の兄、女優の池波志乃の父でもある。じっくり語る人情噺に定評がある一方、寄席などで演じる軽いネタにもおかし味があり、江戸前の味わい深い高座を見せていた。
（2）五街道雲助……落語家。昭和二十三（一九四八）年～。十代目金原亭馬生門下。豪快な高座に引き付けられる。馬生ゆずりの人情噺もいいが、寄席で演じるとぼけた味わいの滑稽落語も魅力。
（3）桃月庵白酒……落語家。昭和四十三（一九六八）年～。五街道雲助門下。シニカルなマクラや、愛嬌たっぷりの高座が魅力。平成のトップランナー落語家の一人。

《臆病源兵衛》
いわゆる吉原は公娼で、遊女も花魁と呼ばれ、格式を重んじた。品川、千住、板橋、新宿は私娼窟ではあるが、江戸の入り口の宿場で、旅籠。遊女は飯盛り女と呼ばれた。四宿は吉原とはまた違い、市井の女性とより密接な関係を結んだ。ほかにも江戸には、実はあちこちに私娼窟があった。大川の向こうの洲崎や、根津なんかに岡場所があった。上野広小路から湯島、根津の間に小さな私娼窟があり、「地獄」などとも呼ばれた。

　女たちの境遇が地獄なのか、そこで遊ぶ客が地獄なのかはわからない。

よ　四人死んだ

《鷺捕《さぎと》り》

落語でそういう落ちだから。理不尽がナンセンスでおかしいんだから。それでいいんだけれどね。落語には納得のゆかない噺がある。

上方落語の《鷺捕り》を紹介する。故桂枝雀《かつらしじゃく》(1)の名演が懐かしい。というか、今、思い出しても笑いがこみ上げてくる。

アホがいた。アホはアホなりに、金儲けをしたいと思った。そら、アホでも金が欲しい。

アホが考えたのは、鳥を捕まえて売ることだ。

みりんを染み込ませた米を雀に食べさせて、酔った雀を捕らえるとか。この話は東京の与太郎噺(2)でもよく聞く。原話は上方なんだろう。こんなのはうまくゆくわけがない。

アホは鷺を捕まえようと思った。甚兵衛から、北の円頓寺《えんどうじ》の池に鷺がたくさんいると聞き、アホは夜中に出掛けて行く。なるほど、鷺がたくさんいて、池の中で寝ている。アホは捕まえた鷺を入れる籠も袋も持っていなかった。ここらがホントのアホ。で、帯に鷺をはさんだ。いくらでも捕まえられるから。何十匹も捕まえた。夢中になっていたら朝になっていた。鷺が目を覚まし、人間に捕まったと気付いた鷺たちがバタバタバタバタ、鷺が羽ばたき、アホは空中へ。大坂の街の上を縦断、アホは雲の中にあった一本の黒い棒にしがみついて、帯から鷺たちを放った。一安心……ではなかった。そこは四天王寺の五重塔の上だった。

大坂は商人の街。朝が早い。五重塔の上に誰かいるぞ。どうやって上がった、というか、どうやって降ろす？　群衆が集まってくる。

ここまででも、上方落語らしい、ダイナミックなアホの話だ。江戸落語のバカや間抜けとはスケールが違う。何せ、鷺に運ばれて、北の円頓寺から、南の四天王寺まで飛ぶんだ。実は、筆者はこの落語を浪曲に脚色している。北から南へ、大坂縦断の道中付けとか、結構楽しんで作った。浪曲版はどうしても説教くさくなる。一応、アホが金儲けをしたい理由付けもした。落語にはそういう余計なものはいらないんだけどね、金儲けがしたい、それが普通の人間の摂理でいいんだ。アホはただその方法を誤っただけ。浪曲は理由付けが面白さになる。そういう理屈をこねながらも、ダイナミズムを損なわず聞かせるんだ。

四天王寺は大坂の南にある。日本の仏教の先駆者、聖徳太子《しょうとくたいし》が建てた寺で、宗旨はない。仏教の是非を巡って蘇我と物部の戦があった。ただの豪族たちの勢力争いに仏教を出汁にしたのかもしれないけれど。聖徳太子は蘇我の側、仏教推進派で、戦勝ののち寺を建てると約束して建てたのが四天王寺。だから、日本仏教の総本山の位置づけになる。五重塔がシンボル。この五重塔も調べたら、八代目になる。平安の昔から、江戸時代も、落雷や火災などで倒れ、再建された。昭和では空襲で焼失、現在のは昭和三十四（一九五九）年に建てられた鉄筋コンクリートで高さは三十九メートル。江戸の頃の五重塔は、高さ百五十五尺というから約五十メートルあった。

「人を助けるのは出家の勤め」。天王寺の僧侶たちが、五重塔の上のアホをなんとか助けよう、とにかく人命優先だ。大きな布を、四人の僧侶が四角を持って広げた。「ここに飛べ、ここに飛べ」。他に降りる術はない。

アホは飛んだ。布の真ん中にうまく飛んだ。真ん中に落ちたから、四角を持っていた僧侶が真ん中に引っ張られた。ゴツンゴツンゴツンゴツン。四人の僧侶が頭をぶつけた。

で、アホが一人助かって、四人の僧侶が死んだ。

（1）桂枝雀…上方の落語家。昭和十四（一九三九）年～平成十一（一九九九）年。落語家。天才的な感性で爆笑落語を次々に口演し活躍。しかし、笑いを追求することへの重圧からか、自殺。

（2）与太郎噺…与太郎という、少し頭の足りない人物が主人公となる落語。《道具屋》《かぼちゃ屋》《金明竹》などがある。

《鷺捕り》

上方落語。桂枝雀が演じていた。東京版の改作もあるが、いつ頃から演じられているのだろうか。春風亭小朝がやっていて、現在でも演じる落語家もいる。

東京版は、上野の五重塔に飛んでゆく。不忍池で鳥たちが飛び立ち、上野のお山の五重塔へ。街を縦断したりはしないから、リアリティはある。

上野の五重塔は寛永八（一六三一）年に建てられ、同十六（一六三九）年に消失したがすぐにまた建てられた。由緒のある塔。東照宮の塔で、江戸時代は神社にも仏塔が建てられていた。

た

旅に死す

《大山詣《おおやままい》り》《小間物屋政談《こまものやせいだん》》

人は何故旅をするのか？

己を磨く旅に出る若者もいる。武者修行とか。職人なんかも、鑿《のみ》を懐に修行の旅に出る者はいる。板前は包丁だ。

物見遊山の旅に行く人もいる。江戸っ子は「一生に一度は伊勢参り」といわれた。ホントに行ったのか？　江戸庶民の伊勢参り率が何%なのか知りたいところだ。落語では《三人旅《さんにんたび》》、取り抜け無尽に当り、仲のいい友達二人と伊勢参りから京、大坂見物の旅に出る。何かで大金でもころがり込めば旅に行かれたが、そうでもなければ、伊勢参りは難しい。伊勢に行かずに一生を終わる江戸っ子もずいぶんいたんじゃないか。

上方落語では「伊勢に七度、熊野へ三度」という。現代でも関西の人は近鉄の特急に乗って気軽に伊勢には遊びに行かれるだろう。江戸っ子が伊勢に行くよりは距離的にも近い。伊勢参りの落語は《東《ひがし》の旅《たび》》《軽業見物《かるわざけんぶつ》》《七度狐《しちどぎつね》》などのほか、帰路にもさまざまな噺があり、最後は京伏見から大坂までの《三十石《さんじっこく》》の舟旅で終わる。ちなみに《西《にし》の旅《たび》》は金比羅参りの噺で《兵庫船《ひょうごふね》》などがある。とはいえ、上方の人でも、伊勢参りに七度は行かれまい。

熊野は三度、山岳信仰で、現代では世界遺産になった熊野古道が有名。落語では熊野参りの噺はあまりなく、五代目桂文枝《かつらぶんし》(1)の演じた新作落語《熊野詣《くまのもうで》》があるくらいだろう。「行き倒れ」のところでも書いたが、旅には危険がともなう。汽車も自動車もない時代だ。旅の基本は徒歩で、毎日何里も歩くから疲れるし、道も整備はされはいなかった。五街道は整備されていたが、東海道でさえ、箱根や宇都谷峠《うつのやとうげ》には盗賊が出たりもした。たとえ遊山旅とはいえ、旅に出ることが命懸けであった。

旅と死を扱った落語もある。《大山詣り》は町内の講中で大山に行く噺。大山は神奈川県の厚木の先にある霊山。夏のはじめに江戸っ子たちが参った霊山だ。行きは厚木街道（現在の２４６）を行き、帰りは藤沢に出て一泊、ここで講中の親睦で宴会があり、東海道を帰る。この講中は折角来たのだからと、船で江ノ島あたりを散策する途中、天候が変わって船が沈んで全員死んでしまう。知らされた女房たちはパニックになり、全員出家してしまう。これは喧嘩をして坊主にされた熊五郎の嘘だったというのが落ちだが、小旅行でも危険はあるのだ。

《小間物屋政談》は、上方に商売に行った小四郎が箱根で追剥にあって困っている男を助け、着物と銭を与えた。男が江戸に戻ったら礼をしたいというので、小四郎は自分の名前と住所を書いたものを渡した。小四郎はそのまま上方に行った。男は病の療養のため箱根に湯治に行く途中で、もともと病だったのと追剥に襲われた心労で小田原宿で死んだ。小四郎の女房は小田原の宿屋から小四郎が死んだと知らせを受け、小田原に遺体の確認に行った町内の者も、男が小四郎の着物を着ていたので、小四郎が死んだと思う。葬式を出し、しばらくして女房は別の男と結婚してしまう。商売から帰った小四郎は……。そして、箱根で死んだ男は？　この事件を大岡越前守《おおおかえちぜんのかみ》が裁く。

旅は危険がともなうものだから、小四郎が死んだと聞いて、女房は悲しみにくれるが、死んだことは疑わない。そして、諦めも早い。女一人で生きてゆくのは大変だしね。

では、危険を知りつつ旅に行くのは何故か。今だって、昔ほどではないけれど、やはり旅に行けば事故や犯罪に巻き込まれることはある。なのに旅に行くのは、違う土地に行くっていうのは、何か心わくわくするものがあるんだろうね。それは多少の危険があっても楽しいことなんだろう。

（1）五代目桂文枝…上方の落語家。昭和五（一九三〇）年～平成十七（二〇〇五）年。戦後上方落語の四天王の一人。女性の表現や、音曲、舞踊などが入る落語が魅力的だった。《たちきれ線香》《船弁慶》《浮かれの屑より》などを得意とした。

《大山詣り》

江戸っ子は長い旅はなかなか出来なかったが、大山などに参詣する小旅行は毎年行ったりしていた。厚木の先までの小旅行であっても、旅に出れば命の危険に遭うこともあったのだ。

《小間物屋政談》

「大岡政談」のひとつで、またのタイトルを《万両婿》という。小四郎に助けられたが死んでしまった男も、箱根に湯治に来て強盗に遭った。

れ 霊界の様子

《地獄八景亡者戯《じごくばっけいもうじゃのたわむれ》》

霊界、死後の世界を描く落語はいくつかあるが、極楽が舞台の落語は多分ないだろう。なんでだろうね。

極楽っていうところは、皆が心おだやかに、にこやかに暮らしている。極楽に行った人たちは終始笑顔だが、それを見て面白いかといわれたら、面白くはないよな。

「苦」のないところには、案外、「笑い」は起こらないものなのかもしれない。じたばたするから、物語になる。

そこへいくと、地獄の噺はいろいろある。

上方落語《地獄八景亡者戯》は「地獄はどんな所か」という好奇心を満してくれる一席だ。

ある男が鯖に当たって死んだ。気が付くと、死に装束でおがらの杖(1)ついて歩いている。そして、同じような人たちが、ぞろぞろ、ぞろぞろと歩いている。しばらく行くと、男は数日前に死んだ伊勢屋の隠居と会う。男は隠居の葬式に行っていた。二人はあの世へ道連れとなる。これから亡者は閻魔の裁きを受けて、罪がなければ極楽、罪があれば地獄へ行くことになるらしい。

そのあとから来たのは、河豚に当たった一団、こやつらは金が有り余っている若旦那と、その供の芸妓や幇間《ほうかん》たち。道楽も遊山もやり尽くして、あとやってないことは何かないか、そうだ、地獄見物に行こうと河豚に当たってやって来た。

落語らしいのう天気さだね。地獄に旅に行くなんて、不安はないのかね。そこはちゃんと、ガイド役、コーディネーターがいる。幇間の一八だ。いや、一八だって、何も地獄に詳しいわけではない。行ったこともない。もっとも地獄に行ったことのある奴なんていないよ。一事が万事、調子がいいのが一八だ。行ったことがなくたって、「万事私にお任せください」「よし、お前に任せたよ」。それで若旦那は随分、金をかすり取られている。金だけじゃない。いろいろ物がなくなるのも一八の仕業で、盗人連れて歩いていた。閻魔の裁きの前に自白して、若旦那の許しを得れば罪は逃れられると全部白状。金をかすり取られたって物を盗まれたって、呆れるだけで屁とも思わないのが若旦那。

「お前じゃしょうがない」。信用ならないのも信用だ。

この連中の、道中の賑やかなこと。上方落語はここで鳴物が入る。死んだって、こいつらはご陽気だ。きっと現世では、残された家族が泣いているだろうに。そんなのはお構いなし。

他の亡者は死に装束なのに、こやつらだけは違う。男は全員黒紋付で、河豚に当たって死んだから、河豚の紋が五つ付いている。女は河豚の紋付にネブカの裾模様(2)……。この衣装、上方落語を題材にしたＮＨＫの朝ドラ「ちりとてちん」(二〇〇七〜〇八年放送)の「地獄八景」の場面で登場していた。

さて、三途の川に来ると、聞いていたのと様子が違う。亡者の着物を剥ぎ取る三途の川の婆がいない。そこには話があって、婆の器量がいいのに目を付けて閻魔が妾にして、その婆が男前の鬼と間男して追い出されて、とうとう、のたれ生き……。

三途の川の渡し賃、これは死に方によって異なる。うっかり三途の川に落ちたら最後……生き返る、と脅される。

向こう岸には広い道がある。これがあの世のメインストリートの冥土筋、もちろん御堂筋の洒落。芝居小屋や寄席が立ち並んでいるが、出演者は全員、昔の名優、名人ばかり。

念仏町へ行って念仏札を買うと、閻魔の裁きの免罪符になる。これが「地獄の沙汰も金次第」。浄土宗じゃない人も、それぞれの宗旨で免罪符を売っている。

このあとも閻魔の裁き、地獄の責めと続くが、全部笑い飛ばしてしまう。

この噺を聞く限りでは地獄もなんだか楽しそう。だが、これは落語の話でね、ホントはどんなだかは誰も知らない。でも、あの世は辛いところではなく、楽しいところだといった人がいた。なんでか。それが証拠に、行ったら誰一人として帰っては来ない。

（1）おがらの杖…おがらはお盆の時の送り火、迎え火に焚くため、死者の道案内の杖という意味として、それを頼りにあの世への旅に用いた。

（2）ネブカの裾模様…ネブカとは長葱のこと。もともとは名古屋方面の言葉。長葱の絵が着物の裾に描かれている。

《地獄八景亡者戯》

「り」参照

そ

葬式

《黄金餅《こがねもち》》《胡椒《こしょう》のくやみ》《強飯《こわめし》の女郎買《じょろうか》い》

《黄金餅》は葬式の手順が描かれる。下谷山崎町に住む願人坊主《がんにんぼうず》(1)の西念が死んで、隣家の金山寺味噌屋の金兵衛が葬式を出す話。実は病気で余命のない西念、貯めた金に気が残って死ねず、餅にくるんで大金を飲み込み、腹に入れたまま死んだ。金兵衛は葬式を仕切り、最後に火葬場で腹の中の大金を奪おうと考えていたのだ。

「大家さん、たった今、隣の西念さんが息を引き取りました」

人が死ぬと、まず大家さんに報告する。江戸時代は大家が行政責任者でもある。現代でいう役所へ死亡届けを出すようなものだ。金兵衛は続ける。

「仏の遺言で、身寄り頼りがない。金兵衛さんの寺に葬って欲しいというんです」
「そうかい。なら、そうしておやり。人にしてやるんじゃない。いつかは自分に返るんだ。情けは人のためならず、といってな」

大家さんはいい人だ。金兵衛の企みを知らない。だが、金兵衛が葬式をやるといわなければ、自分がやらなきゃならない。余計な銭が掛かるから金兵衛に押し付けられて幸いというのが本音だろう。

「今夜のうちに弔いを出しちまおうと思うんです」

貧乏長屋だから。翌日、葬式をやったら長屋の人たちは仕事を休まなければならない。生活費が稼げず困る人もいるから。というのは建前で、誰かに企みを気付かれたら困るから、早く葬式を出しちまおうというのが金兵衛の思惑だ。

寺と葬儀のスケジュールは決まった。

貧乏弔いの常、早桶（棺桶）の代わりは菜漬けの樽だ。そして、長屋の衆と一緒に麻布の寺へ。仏を担ぐのは、今月の月番と来月の月番が担当する。嫌なことでも長屋の付き合い。文句をいいながらも手伝わねばならない。下谷から麻布までの道中付は五代目古今亭志ん生《ここんていしんしょう》(2)の聞かせどころだった。

寺に着く。和尚と葬儀料金の交渉だ。

「和尚、百ヶ日仕切りでいくらだい」

「天保銭六枚」

「五枚にまけなよ」

「寺で値切るなよ。六枚お出しよ。いやなら他所へ持ってったっていいんだぜ」

寺は強気だ。他所に持って行く所がない事情を知っている。

お経も無事に済むと、金兵衛は付き合ってくれた一同にいう。

「寺が貧乏だから茶も出せない。これから新橋へ行くと夜明かし(3)が出てる。あすこへ行って、なんでも好きなもの飲んで食って、自分で勘定払って帰ってくれ」

上野から麻布まで歩かせて、ほぼ一晩付き合せて、「自分で勘定払って帰れ」とは酷い話だ。

皆が帰ったあと、天保銭六枚払って焼き場の切手をもらう。焼き場の切手とは火葬の許可証だ。昔は寺が発行した。これが欲しいから、金兵衛も和尚の言い値を支払う。そうして、今度は一人で樽を担いで火葬場へ行く。

弔問客の作法を教えてくれる落語が《胡椒のくやみ》。葬式に行くことになった八五郎、もの識りの兄ィにくやみのやり方を教わる。

「くやみなんていうのはな、はっきりいう人はいないものだ。口ン中でぐずぐずもぐもぐやってるうちに、しまいになるもんだ」

なるほど。葬式の会場で大声出して喋っている奴はいない。悲しくて言葉にならないという態度を見せれば、まぁ、問題はない。「弔いが山谷と聞いて親父行き」。山谷は現在の台東区。浅草の北側で、昔から寺が多かった。山谷で葬式だというと、親父がはりきる。理由は簡単。早々に弔問を済ませて、あとは山谷から目と鼻の先の吉原へ繰り込もうというのだ。《強飯の女郎買い（子別《こわか》れ・上）》は熊五郎が通夜で出された強飯七つを背負って吉原へ行く噺。弔問客も悲しんでいるだけではない。いや、吉原に繰り出さないまでも、通夜の席で酒をカブ飲みしている人なんていうのは、失礼なようで案外、悲しみの照れ隠しなのかもしれない。

（1）願人坊主…僧の装束で乞食をする者をいう。あほだら経などの芸をやる者もいた。
（2）五代目古今亭志ん生…明治二十三（一八九〇）年〜昭和四十八（一九七三）年。落語家。なめくじの出るような長屋に住んだり、借金取りをごまかすために何度も改名するような極貧生活を経て、昭和十四（一九三九）年に五代目古今亭志ん生を襲名。五十歳過ぎから、破天荒な人生模様が芸風に表れ、天性のおもしろさで人気を博した。演目数も多く、実は努力家であったという説もある。長男は十代目金原亭馬生、次男は故古今亭志ん朝。
（3）夜明かし…深夜営業をしている屋台などの飲食店。

《黄金餅》

五代目古今亭志ん生の得意ネタ。志ん朝も演じたが、立川談志が「業の肯定」の例として述べたため、演じる落語家も多い。聞かせどころは、上野から麻布までの道中付け。

《胡椒のくやみ》

葬式という厳粛な場にこそ起きる滑稽を描いたネタ。

《強飯の女郎買い》

心あたたまる親子の情を描く「子別れ」の発端。通夜の帰りに吉原に繰り出す熊五郎の話。通しで演じられることはあまりない。

お江戸こぼればなし　参

僧侶

僧侶は人間と仏を結び付ける「職業」なのだろうか。

近代になり、日本神道に日本国民がアイデンティティを求めた時、仏教は信仰だけのものではなくなっていったのかもしれない。葬儀や法事を取り仕切ること、人間と仏の橋渡しの比重が高くなっていった背景には、そんな社会事情があったのかもしれない。

江戸時代の僧侶は宗教家として、布教と、自身の修行に身をやつした。

一方で知識人としての僧侶は、多くの人々から慕われ、頼りにされた。困ったことがあれば相談に行ったし、医療行為を行う僧侶もいた。薬師寺は薬師如来が奉られていて、奈良時代から施薬も行われていた。村などのコミュニティの、リーダー的な役割も担っていた。

《寿限無》で名前を付けてもらうなどは、知識人としての信頼があってのことだろう。《松山鏡》では尼僧が夫婦喧嘩の仲裁までしている。

対して、生臭坊主を笑いのめすのも落語だった。偉い人の権威を叩きくずして笑うのも落語なら、その人間味のおかしみに、しみじみ人の情けを感じるのも落語なのだ。

つ

付き馬と早桶

《付《つ》き馬《うま》》

今でも浅草のひとつ手前、田原町駅で降りると、仏壇屋がやたらとある。上野の寛永寺と浅草の浅草寺があり、このあたりは寺が多い。寺のまわりに仏壇、仏具を扱う店が集まり、浅草通りの田原町から稲荷町のあたりを今でも「仏壇通り」と呼ぶらしい。

落語でこんな噺がある。田原町の早桶屋に一人の男が飛び込んできて、大きな声で、

「おじさん、おじさん、今日はお願いがあって参りました」という。

「どうしたんです?」親方が聞くと、男は急に声をひそめ、外にいる男を指す。どうやら外の男は連れのようだ。

「実はですね、あの男の兄が、夕べ腫れの病で亡くなりましてね」

もともと太っていた外の男の兄が腫れの病……、腫れの病ってなんだ？　ふくれたか、むくんだりして死んだんだ。死の原因なんて、江戸や明治、大正、昭和のはじめ頃はよくわかっていなかった。そんな病気で死んだから、並みの早桶じゃ間に合わない。そこで、

「ズ抜け大一番小判型[1]の早桶を作ってはいただけないでしょうか」

早桶屋は商売だし、相手は困っている。

「作りましょう」というと、

「ありがとうございます。助かります、おじさん」と大きな声でいって去って行く。

外の男を呼んで「大変だったでしょう。急だったんですか」話をするとかみ合わない。

よくよく聞いてみると。外の男は吉原の若い衆。さっきの男は夕べ来た客で、金がなくて支払いが出来ない。田原町に叔父がいるから金を借りて払うというのでここまで来

たのだという。

「払っていただけるんで？」

「馬鹿いっちゃいけない。あの野郎は甥でもなんでもない」

「だって、あなた、おじさんって呼ばれてたじゃない」

「俺はおばさんじゃないもの」

早桶屋も若い衆も見事に騙された。

ズ抜け大一番小判型の早桶は作ってしまった。若い衆は早桶担いで吉原に帰ることになる。

《付き馬》という酷い奴の噺だ。

ちなみに付き馬とは、吉原などで勘定が足りない時に、家まで付いて行って取り立てる人のこと。昔は馬子が代役を務めたので、付き馬という。本当に馬を連れて家に来られるから、近所の手前もよくないので、早い時期に馬子が付いてゆくシステムはなくなったが言葉は残った。

早桶とは棺桶のこと。ごく安価な棺桶を早桶といった。人が死ぬのは、わりと突然のことが多い。葬式の手配も、何もかも急だ。棺桶も急いで用意しなくてはいけないから。急いで作らなければならないから、早桶というらしい。棺桶ばかりは、死ぬ前に作っておくわけにもゆかない。場所もとるしね。

「何これ？」「棺桶」「どうしたの？」「もうじき爺さん死ぬから、作っておいた」。用意がいいとはいわれない。縁起でもないと怒られる。

現代は人間のサイズでなく火葬場のサイズにあわせて作るから、事前に葬儀屋が用意している。急いで作ることもなくなった。

ちなみに昔は座棺が一般的だったようだ。桶の中に座った状態で入れる。桶を縛って天秤棒を通して二人で担ぐ。《黄金餅《こがねもち》》《らくだ》で早桶を担ぐ場面が出て来る。

子供の出て来る落語のマクラで火葬場の近所の子供たちが、弔いごっこをして遊んでいた。「今日は金ちゃんが死体の役だよ」「昨日もオイラ死体だったよ。今日は棺桶担がせてくれよ」。棺桶を担ぐほうが死体よりも格上のようだ。

（1）ズ抜け大一番小判型…一番は早桶の大きさ。男性が一番で、女性が二番だった模様。男性用の一番がさらに「ズ抜け」、つまり飛びぬけてでかく、丸型でなく小判型、楕円という意味。

《付き馬》

吉原で勘定が足りなくなった時、集金係も若い衆の仕事。たいていは妓楼に上がる前に料金の話し合いがなされるから、金が足りなくなることは滅多にない。この主人公は確信犯で、あきらかな詐欺師であるが、どこか遊んでいる風でもある。これだけ大仕掛けな詐欺で、一回分の遊興費を誤魔化しただけで多額の金品を得ているわけではないのだ。その意味では落語らしい一席である。

吉原から田原町までの景色も、落語家によって時代背景を変えていて、街の描写もまた違って面白い。

ね 念仏・題目

《小言念仏《こごとねんぶつ》》《鰍沢《かじかざわ》》

怖い目に遭ったりすると、思わず「南無阿弥陀仏」と念仏が出ることがある、なんていうお年寄りはたまにいたりする。

若い人は、宗教観が薄くなっているかもしれないが、昔は寺で勉強したり、修行の真似事をすることもあって、寺が身近な存在だった。だから、困った時は寺頼み。とりわけ、痛みや恐怖は念仏でなんとかなるかもしれない、と思われていた。

徳川家が浄土宗で増上寺が菩提寺だから、江戸庶民にも浄土宗の信者が多かった。浄土宗、浄土真宗などは念仏宗ともいわれる。念仏を唱えると極楽へ行かれる、極楽への道標を示してくれたため庶民も親しみやすかった。

《小言念仏》なんていう落語もある。お年寄りは早く起きて、仏壇で念仏を唱える。

宗教儀式というよりは、ただの趣味だ。いや、習慣とか癖の類。だから、《小言念仏》の主人公は念仏を唱えながら、ずーと小言をいっている。

念仏はありがたいから、唱えると頭が自然と下がる。で、なんか拾ったりも出来る。そんな馬鹿な話はない。いや、人は反り身になっちゃいけないんだ。謙虚に思い、いろんなものに感謝をすれば、頭も下がる。なんか拾わなくても、謙虚な人はそれなりに恩恵があるという話だろう。

念仏と同様、お題目も江戸庶民には親しまれていた。題目は「南無妙法蓮華経」。法華、日蓮宗だ。

山梨県の身延や、江戸では池上の本門寺があるから信者も多かった。日蓮宗、お題目の出て来る噺も《甲府《こうふ》ィ》《おせつ徳三郎《とくさぶろう》》のほか、長屋中が全員法華信者だという《法華長屋《ほっけながや》》なんていうのもある。

《鰍沢》は身延に参詣に行った新助が雪のなか道に迷う話。行くあてがわからず寒さのなかをさ迷う新助の口からは「南無妙法蓮華経」のお題目がつぶやかれる。後半、種子島を手にしたお熊に命を狙われて逃げる時も、新助はひたすらお題目を唱える。そして、お題目のおかげで命が救われる。

日蓮宗の開祖、日蓮《にちれん》が度々お題目で命を助けられている。日蓮は「立正安国論」を著し説き、建長寺、弘明寺、極楽寺など鎌倉幕府の政治に影響を持つ寺と対立、また、蒙古襲来などを予測したことで幕府から睨まれ、命を狙われた。松ヶ谷の法難は、刺客の襲撃を猿が知らせてくれたので、山に逃れる。刺客は日蓮宗信者の鎌倉武士、四条金吾《しじょうきんご》らが駈け付けて討ち取った。

伊豆に流罪となった日蓮を、護送役人は事故死として殺してしまおうと、海の岩に置き去りにする。潮が満ちれば溺死だ。日蓮はただひたすらお題目を唱えた。するとその声を聞いた漁師の弥三郎が助けてくれた。

小松原の法難では、いよいよ日蓮のお題目がさらなる力を発揮する。またも刺客に襲われる日蓮、だが日蓮がお題目を唱えると妙光がほとばしり、刺客の東条景信《とうじょうかげのぶ》の馬が棒立ちになり、景信は落馬、駈け付けた安房の地頭、工藤吉隆《くどうよしたか》が景信を討ち取る。

竜の口の法難は、死罪になるところの日蓮がお題目を唱えると、雷鳴が起きて、首斬り役人に落ちて、刀が折れる。これで日蓮は処刑を逃れた。

伝説じみた話の極みは浪曲「日蓮記」、初代京山幸枝若《きょうやまこうしわか》(1)の名調子。蒙古襲来の時、日蓮は馬で博多に駈け付け「南無妙法蓮華経」、すると神風が起こり、蒙古は全滅する。

日蓮はダイナミックな物語で綴られている。

念仏の親鸞《しんらん》は地道に信者を増やしていたようにも思われるが、実は親鸞もかなり過激だ。当時は僧侶には許されなかった妻帯もしている。親鸞は流刑地の越後で妻を娶り、四男三女をもうけている。妻の恵信尼《えしんに》は京で布教する親鸞と離れ、越後あるいは関東で布教活動を行ったといわれている。

鎌倉時代に起こった新しい仏教の、浄土宗、浄土真宗の念仏、日蓮宗のお題目が江戸の人々に親しまれ、それぞれが心のよりどころであった。困った時は、それぞれの家の宗旨で、念仏やお題目を唱えて、危難に挑み、うまく難を逃れたりしていたのだろう。

（1）初代京山幸枝若…関西の浪曲師。大正十五（一九二六）年～平成三年（一九九一）年。軽快でケレン味あふれる幸枝若節で人気を博した。得意ネタ、《左甚五郎》《寛政力士伝》《会津の小鉄》など。

《小言念仏》

柳家小三治が寄席でよく演じる。いわゆる惰性の念仏、ゆえの面白さが満喫。徳川氏が浄土宗だったため（増上寺が菩提寺）、江戸っ子にも信者が多い。

《鰍沢》

三遊亭圓朝が、「熊の膏薬」「毒消しの護符」「卵酒」で作った三題話といわれている。

身延山は日蓮宗の聖地で、江戸時代でも参詣に行く人は多かった。

な

難病

《肝《きも》つぶし》《御神酒徳利《おみきどくり》》

医療行為なんて、ほとんどなかった江戸時代、病気になったら、どうするか？医者や薬もないわけではない。でも、麻酔がないから手術も出来ない。薬も、抗生物質もステロイドも、正露丸もオロナインもない。解熱剤の薬草とか、熊の胆とか、せいぜい傷薬みたいなものがあるだけ。

「人参という薬があれば病は治るが高価」なんて科白が時代劇なんかで出て来る。人参ってキャロットじゃないよ。朝鮮人参だ。栄養剤みたいなものか。特効薬ではない。でも体力回復には効果的だったのだろう。

輸入しているから希少価値。だから高価だ。もちろん輸送費も掛かるが、希少価値で、病が治る神話もあるから、ますます高値になる。

病に効果があるならばと、わが国で育てようとした学者や医者もいたが、ことごとく潰された。簡単に人参が出回れば値崩れする。人の命よりも薬屋の利権が大事だった。碌なもんじゃない。

病気になったら。たいていは死ぬ。

まれに助かる場合もある。それは運がいい人たちだ。運がいいと助かるなら、運を増やすしかない。神信心だ。なんとか病から助かるように、神仏に祈るしかない。

薬師如来とかだけじゃない。ありとあらゆる病に対応する神信心があった。

落語に出て来るのは歯痛を神信心で治す場面が出て来る。《佃祭《つくだまつり》》の落ち、歯痛を治すために戸隠神社に祈り、梨を川に流すんだって。実は梨にはソルビトールというのが含まれていて、虫歯菌抑制の効果があるらしい。梨を断つのではなく、たくさん食べたほうが虫歯予防になる。歯痛は我慢が出来ないが、抜けちゃえば治る。治るといっていいのかはともかく。治らない病はたくさんある。

並みの病でも助からないのに、不治の病、難病に掛かる場合もある。

でも、家族は必死だ。なんとしても助けなければと奔走する。医者や薬や加持祈祷。落語にはあんまり悲劇的な不治の病は出て来ない。

むしろ死ぬ時は、そんなに苦しまずに死んでくれる。

だがまれに、難病が出て来る。

《肝つぶし》という落語、友人が病になる。夢の中の女に恋わずらいをしたというのだ。普通の恋わずらいなら、恋を成就させれば治る。《紺屋高尾《こうやたかお》》《崇徳院《すとくいん》》がそうだ。相手が夢の中の女では、成就することがない。つまり治らない。とんでもない難病に掛かった。というか、不思議な病だよ。いもしない女性に恋煩い。なんかの呪いか。それに近いかもしれない。

この病を治すには、亥年、亥の月、亥の日生まれの人間の生き肝を飲ませればいい。ほら、なんかの呪いだ。主人公は友人の親に恩があった。なんと、妹が亥年、亥の月、亥の日生まれだった。男は発作的に妹を殺そうと思う。

難病を治す噺もある。《御神酒徳利》だ。旅籠、刈豆屋の番頭の善六は、たまたま自分の過ちで、店の大事な御神酒徳利を紛失した。女房の父親が易者で、女房から易者のいいそうな科白を習って、算盤占い(1)で御神酒徳利を見付けたふりをする。刈豆屋に泊まっていたのが鴻池の番頭で、鴻池の娘の不治の病を治すために大坂へ。途中、神奈川宿でも占いで事件を解決し、そのおり稲荷社を修復させた。大坂に着いた善六は、一心不乱に神に祈ると、神奈川宿の稲荷が現われ、娘の病の原因を教えてくれる。屋敷の柱の下に観音像が埋まっている、それを掘り出せば病全快と教えられ、鴻池の娘は助かる。

まれに祈りが通じることもあるから、やはり人々は神にすがる。

迷信だって、眉唾だって、少しでも助かる可能性があるのなら、やってみようと思うものだ。

それだけ人は「生」に固執するものなのだ。

（1）算盤占い…算盤を用いる占い。適当にはじいた玉の数字で吉凶を占う。

《肝つぶし》

六代目三遊亭圓生が演じていて鳳楽らに継承されている。病気で切羽詰まった人たちが主人公で、噺が暗いが、実は馬鹿馬鹿しいネタでもある。

《御神酒徳利》

六代目三遊亭圓生が昭和天皇の前で演じたというエピソードを残す。主人公が算盤占いと幸運で次々に問題解決してゆく波乱でハッピーな一席。

ら ライオンの末路

《動物園《どうぶつえん》》

古代のローマでは、コロシアムで、人間と猛獣、ライオンとかと戦わせる見世物が流行したという。人間がライオンに食い殺されるのを見て、やんやの喝采を送る。人間だって食い殺されちゃたまらんから、いろんな手を使って戦う。時にはライオンを倒すことだってあるけれど、まぁ、だいたいは食い殺されるんだ。

はじめは猛獣同士で戦っていた。それが猛獣と人間を戦わせるという発想に、どうやって変わっていったのだろうか。

確かに人の不幸は面白いよ。破産したり女にふられたりする奴を見ると、なんかホッとする。でも生き死には別だ。どんな赤の他人であろうと、若くして死んだり、家族や思いを残して死んだりする人を見るのは嫌だ。ましてや、残忍な殺され方を、わざわざ見たいとは思わない。たとえ悪い奴でもね。古代ローマ人は一体何を考えていたんだろう。そんな見世物に歓喜を上げるって一体なんだ？

えっ？　落語にも虎やライオンと戦うネタがある？

《動物園》か。

仕事がなくて困っている男が、一日ぶらぶらしているだけで大金が入る仕事を紹介される。それは移動動物園。売り物のライオンが死んでしまった。そこでライオンの皮を着て、一日檻の中でぶらぶらしていてくれたら大金を払うというのだ。早速、男はライオンの仕草を教わり、いざ檻の中へ。桂米朝《かつらべいちょう》(1)のライオンの歩き方が面白かった。

一日ぶらぶら、いや、ほとんど檻の中で寝ていて、時々吠えて子供を脅かしたりして。何事もなく一日が終わろうとした時だ。

司会者が現われて、「本日のメインエベント」とか言い出す。アフリカの王者ライオンと、アジアの王者虎とどっちが強いか。

「これからライオンの檻に虎を入れてご覧に入れます」

えーっ、聞いてないよ。いや、聞いていたら、やらない。

あー、金に目がくらんだのが、しくじり。俺は動物園の檻で虎に食い殺されるのか。

うんうん、そんな落語もあった。

この落語は昭和のはじめ頃に出来た上方の新作落語。今は東西でずいぶんやる人の多いネタ。

楽して儲かる話には罠があるという、また失業している男の背景なども、現代に通じるものもある。移動動物園は今でもあるよ。ウサギとか犬とかポニーとかを連れて、ふれあい動物園みたいな形でまわっているのもあれば、象やライオン、キリンなんかを連れた大がかりなものもある。私はずいぶん前に青森県で見た。動物園のない地域では貴重なんじゃないか。

ちなみに昭和の頃は、見世物のジャンルだった。香具師が移動動物園を仕切っていた。ライオンと虎の一騎打ちは流石にやらないだろうが、カンガルーのボクシングくらいはやっていたかもしれない。

菊池寛《きくちかん》の「父帰る」のお父さんは移動動物園を経営していて、一時は人の二、三十人も使って、かなり羽振りもよくやっていた。ところが、広島で火事に遭い、虎やライオンが死んでしまって落ちぶれたらしい。「父帰る」の設定は明治四十（一九〇七）年。虎やライオンが死んでしまい、困ってこんなことをやらかしたのは、「父帰る」のお父さんだったかもしれない。

メインの動物が死んで、苦肉の策で人を代役に使ったが、ここで阿漕な商売を思いついちゃったんだね。儲けようと思った。ローマのコロシアムを参考に、猛獣対決を考えた。おそらく宣伝効果で大勢の客が詰め掛けたのだろうが、まぁ、そんなものはうまくゆくわけがないのだ。

落語の場合、ズタズタに食い殺されるシーンは勿論ない。仮にあっても言葉で説明するだけだ。《動物園》は楽しい落語らしい落ちで終わる。やはり落語に残虐は似合わない。

（1）桂米朝…上方落語家。大正十四（一九二五）年〜平成二十七（二〇一五）年。戦後上方四天王の一人。上方落語を継承し、人間国宝に認定される。上方落語の研究、自身のエッセイなど多くの著書もある。新作落語《一文笛》の作者でもある。落語家の前は正岡容門下。

《動物園》

もともとは上方落語。明治時代の二代目桂文之助の作。桂米朝の口演は聞いたことがある。五代目桂文枝も花月などで演じたことがあるそうだが、とうとう見ることは出来なかった。

東京では、四代目柳家小せんらが演じていた。今は若手からベテラン、寄席などでも演じる落語家は多い。ライオンの皮でなく虎の皮をかぶるバージョンもあるが、ストーリーは同じ。子供が食べているパンがロバのパンで演じられることもある。昭和初期の色合いが濃厚になる。

む

無理心中

《おせつ徳三郎《とくさぶろう》》

昔は身分違いの恋というのがあった。今もあるのか。今のほうが、士農工商みたいな身分はなくなって誰でもが対等に付き合ったり出来るんだが、対等に思えて、経済格差とか、昔ながらの身分を引きずっていたり、いろいろあって、本人たちの愛とは別に成就出来ない恋もあるかもしれない。

昔のほうがむしろ、付き合う人も身分ごとのコミュニティーで違うから、身分違いの恋なんていうのが起こることは少なかった。

それでもまれに、身分違いの恋は起こる。

女性が身分が上の場合が多い。

男性が身分が上の場合、親とかを説得出来れば嫁にも出来たし、身分が上ということは金もあるから、嫁には出来なくても、妾として囲うとか、一緒に居ようと思えば、なんか方法はあった。

女性が身分が上の場合、たとえば商家のお嬢様と年長の丁稚の恋なんていうのが、近《ちか》松門《まつもん》左衛門《ざえもん》の浄瑠璃なんかには出て来る。

お嬢様のまわりには、普段あまり男性はいない。家族か奉公人くらい。店の奉公人は奥向きの用事は原則しない。しかし……。お嬢様が外出する時には必ず供が付く。女性の外出となると、それなりに危険もあるので、やはり供の役目は重要である。奥付の女中か下男、店の年長の丁稚などが供役となった。

この丁稚が鼻でも垂らしていようものなら、なんの問題も起こらない。丁稚がちょといい男だったりする。いい男で、年上でボディガード役でもあるから、なにかと頼もしい。しかも家来でもあるから。優しくなんでもいうことをきいてくれる。

世間を、いや、男をまったく知らないお嬢様だ。いい男で頼もしくて優しい。一方の丁稚にしてみれば、綺麗な着物を着て、女王様的な存在の女が自分に惚れているって状況は、もうあとは、なるようにしかならないでしょう。

《おせつ徳三郎》という噺。お嬢様のおせつが花見に行く。供は三人。年上の丁稚の徳三郎に、子供の丁稚の長松、それに海千山千の婆やが一人。おせつと徳三郎は、なるようにしかならない状況になった。主人が飴と鞭で丁稚の長松からすべてを聞き出した。徳三郎は暇を出された。つまり、クビだ。

当然といえば当然。徳三郎は叔父の家に厄介になる。

おせつはどうなったか。親に勧められて婿をとることに。親はすべてを内々に片付けて醜聞を回避しようと考えた。

その噂を聞き、徳三郎は迷う。

おせつを殺して自分も死のう。無理心中を企てて、刀屋へ行く。

一方のおせつ。案の定、徳三郎が忘れられず、婚礼の日に逃げ出した。両国橋で二人は出会う。

こんなことはよくあったんだろう。

いくつか方法もあったんだろう。徳三郎を婿にする。商家は何も長男相続ではない。徳三郎に商才があれば、おせつの婿にしてもよかった。女に手が早い、しかも主人のお嬢様に手を出すような丁稚を主人は信用出来なかった。刀屋の件の感情の昂ぶりを見れば、おそらく商才なんてなかったのかもしれない。

主人は世間体も気にしていた。

惚れた同士、一緒にさせてやったんじゃ、秩序が乱れる。そういう思いも、親にはあるのかもしれない。社会への責任だ。

心中騒ぎを起こしても、おそらくこの二人は結ばれないいんじゃないかな。まだ若過ぎたんだよ。一時の迷い。時が解決する。いや、時なんかじゃ解決しないかもしれないけれど、解決するかもしれない。まぁ、心中しなくてよかったよ。

《おせつ徳三郎》

前半は「花見小僧」で、旦那が長松から、娘のおせつと徳三郎の関係を聞き出す話。後半の「刀屋」は、おせつの婚礼を知った徳三郎がおせつを殺して自分も死のうと考えて刀屋へ行く話。

刀屋の主人の説得で一時は心中を思い止まるも、おせつが婚礼を嫌がって逃げたと聞いた徳三郎はおせつを探して街へ。

落ちはいくつかのバージョンがある。「花見小僧」は三代目三遊亭金馬が面白い。五代目古今亭志ん生、六代目三遊亭圓生は「刀屋」しか演じなかった。最近は全編を演じる落語家が多い。

お江戸こぼれぱなし　肆

早桶屋

　現在の台東区田原町あたりは現在では仏具屋が多くあるが、昔から仏壇通りと呼ばれ賑わっていた。落語《付き馬》では田原町の早桶屋が登場する。

　早桶とは棺桶のことで、それを製造販売するのが早桶屋だ。

　どうせ死人を入れて、埋めたり燃やしたりしちゃうんだから、安い木で適当に作ればいい、というものでもない。遺族感情として、故人にゆっくりと眠って欲しい、寝心持ちのよい早桶を作るよう、金銭にゆとりがある人、なくても、いろいろ工面して、いい早桶を作ることはあったのだろう。

　《付き馬》の他に早桶の出て来る落語に、《七度狐》《片棒》《ちきり伊勢屋》などがある。

　早桶屋にはどんな人がなったのか。おそらく世襲で親の跡を継いでなる人が多かったんじゃないか。桶職人ならともかく、わざわざ早桶屋になりたい人はそうはいまい。親の商売を嫌い、早桶屋を辞める奴はいただろう。辞めてやくざになっても、清水次郎長の子分、桶屋の鬼吉は早桶担いで敵地へのりこんだ。死なずに早桶が無駄になった。

う 占いで死の予言

《ちきり伊勢屋《いせや》》

清水次郎長《しみずのじろちょう》がなんでやくざになったのか。次郎長は米屋の養子で、真面目に商売の跡を継ぐはずだった。ところがある日、一人の僧侶が店の前に立ち次郎長にいった。

「お前には死相が出ている。三年以内に必ず死ぬ」

これいわれたらどう思う。そんな馬鹿な、今ならそう思う。相手にしない。でも気になるよね。なんか落ち着かないし、人によってはノイローゼになりそう。昔だ。死が身近で、宗教だ、占いだかが、いろんなことに影響していた。

次郎長、自棄になった。商売を辞めて、酒、博打、喧嘩三昧の日々を送る。で、三年経ったが死ななかった。おいおい、どうしてくれるんだよ。今ではすっかり、やくざの次郎長だ。もう堅気に戻れない。

そんな時にまた僧侶に会う。「あれ、死相が消えている」

確かに三年前には死相があった。次郎長はやくざになり、博打や喧嘩もしたが、昔のやくざは義侠が信条。人助けもした。博打で儲けた金で、慈善活動とかしたから、善行で死相が消えたのだ。

似たような落語《ちきり伊勢屋》。金満家でまだ二十五歳の伊勢屋伝次郎が、麹町に住む評判の易者、白井左近に縁談を占ってもらいに行くに、左近は「女に嘆きを見せるから縁談は止めたほうがいい」という。伝次郎には死相が出ていて、来年の二月一五日正九刻《しょうここのつ》（昼の十二時）に必ず死ぬというのだ。

白井左近は易の名人で、いろんなものを当てている。伊勢屋は決して悪気な商売をしてはいなくても、商売で成功する裏では、別の誰かが泣きを見ている。そういう怨みが悪い運気を生むんだと左近はいう。伝次郎の両親も短命だった。そういうことを易の名人に筋道立てて話される。もう、レントゲン写真見せられながら、医者の癌告知聞くのと同じで、信じたくはないけれど、それが事実なんだ、みたいないわれ方しちゃうから。信じるしかない。

落語の理屈っていうのは自分だけが儲けちゃいけない。そこそこ儲けたら、世のため人のために使わなきゃいけないんだ。貧乏人でも相互扶助、金があれば、ある金に応じて社会貢献しなきゃいけないんだよ。

伝次郎、これから縁談をしようというのだから子供もいない。財産を残すこともないわけで、これから亡くなる予定日……、予定日ってことはないね。その日までに財産をあちこちの困っている人に施した。

いよいよ当日は、深川の浄光寺、棺桶に入って念仏を唱えながら待っている。自分で自分の葬式出すんだけれど、死ぬ覚悟が出来ているわけじゃない。仕方無しに死ぬわけで、棺桶に入ったが、途中、煙草を吸ったり、ウンコに行ったり。寺男がお経が終わったからって、まだ死んでないのに埋めようとしたり。騒いでいるが、正九刻になっても死なない。

白井左近の占いははずれた。

次郎長と一緒。施しをした善行で寿命が延びたんだ。よかった。いや、いいのか。でも全財産施して一文無し。仕方なく伝次郎は駕籠かきになる。

落語だからね。多分、ハッピーエンドになるんだけれど。

次郎長も伝次郎も、「死ぬ」といわれたことで人生が変わった。次郎長は博徒になり、多分、次郎長のおかげで命を落とした人もたくさんいるし、助けられた人もたくさんいるだろう。

伝次郎も財産を施し、命が助かった人もいるんだろう。そして、駕籠かきになったことで、伝次郎にも別の運命が展開する。

人の人生なんてわからない。僧侶や白井左近が何もいわなければ、次郎長も伝次郎もそのまま死んでいた。二十代後半、やや早いが、それが彼らの運命だった。天寿だった。しかし、死を示唆されたことで運命は変わった。次郎長がただ博打三昧で人助けをしなかったら、伝次郎が財産を使わずに養子かなんか迎えてそのまま死ぬ、そういう道もあったが、施しをしたりしたのも、彼らの天性からのこと、自らで切り開いた運命だったのだろう。

《ちきり伊勢屋》

長い人情噺。全編をやると六時間以上だという。禽語楼小さんの速記が残っている。昔は連続モノで演じていたのだろう。八代目林家正蔵、六代目三遊亭圓生らが演じていた。正蔵の形を、二代目橘家文蔵や林家正雀らが継承している。

命は助かったが一文なしの伝次郎、白井左近の占いで品川に行くと幸福になるといわれて行くが、生活に困り駕籠屋となる。そこで旧知の幇間と会ったことから、ふたたび運命の歯車がまわりはじめる。「情けは人のためならず」というお話。

ゐ

医《い(ゐ)》者

《牡丹灯籠《ぼたんどうろう》》《金玉医者《きんたまいしゃ》》《疝気《せんき》の虫《むし》》《村井長庵《むらいちょうあん》》

医学の発達していない時代でも、医者は必死に病や怪我と向かい合い、人の命を助けた。落語に出て来る医者は、藪医者が多い。藪医者のほうが笑える。いや、どんなに頑張っても、治せる病気に限界があるんだからしょうがないんだけれどね。

昔は国家資格なんてないから。薬屋に丁稚奉公して、薬の名前をいくつか覚えて、医者の看板出せば医者になれた。他に仕事がないから、「医者でもやるか」という「でも医者」なんていうのもいたらしい。

あるいは「手遅れ医者」。患者が来ると、「手遅れです」。病気を治す方法がないんだから、「手遅れ」といえば家族も安心する。何かの加減で治ったら、「あの先生は手遅れの患者を治した。名医だ」と評判になる。

ある医者が急患があったので飛び出したら、子供が遊んでいて、子供を蹴り飛ばした。親は怒ったが、「蹴られてよかった。あの先生の手に掛かったら命がない」

そんな藪医者が随分いた。筍医者なんていうのもいて、これからおいおい藪になる。碌なもんじゃない。

《牡丹灯籠》に出て来る山本志丈は俗に幇間医者《ほうかんいしゃ》と呼ばれていた。医者の姿はしているが、薬の調合なんぞはしたことがない。体調のすぐれない金持ちのご隠居や、ぶらぶら病のお嬢様を訪ねては、ご機嫌うかがいをする。懐には手品の種を仕込んで、お嬢様に見せたりする。

重病患者ではないが、なんとなく具合が悪い、気分が優れないなんていう患者には、話を聞いてあげることが薬になる。カウンセラーみたいな役割の医者と思えばいい。「具合が悪い」と他人にいうことで楽になることもある。薬の調合は出来なくても、少しは薬の知識もあって、市販の薬で害にならないものを処方してあげれば患者の気休めにはなる。こういう医者もいたりした。

《紺屋高尾《こうやたかお》》や《幾代餅《いくよもち》》に出て来る医者も、吉原のガイド役として登場する。病を薬や手術で治すよりも、患者を吉原に連れ出して、楽しいことをさせて治すやり方をとっている。当人が「女郎買いだと心がウキウキし、患者と聞くと頭が重くなる」というのだから、困ったものだ。まぁ、病人の治療をするよりは、女の子を侍らせて酒をのんでいるほうがいいに決まっている。

似たような医者で《金玉医者》は、やはりぶらぶら病のお嬢様を見舞っていたが、ある時、脈をとるので立膝になったら、着物の裾から褌が見えて、また越中をゆるめに締めていたので金玉が見えた。お嬢様は金玉なんか見たことがなかったから、たいそう喜んでケラケラ笑った。もともとたいした病でないから、笑うことで新陳代謝がよくなり、病が快方に向かった。以来、この医者は時々金玉を見せていた。金玉が薬、そんな医者も落語には出て来る。この落語、あまりに馬鹿馬鹿しいので、晩年の立川談志《たてかわだんし》がよく演じていた。

落語の医者の中にも、研究熱心な医者はいる。《疝気の虫》の医者は、男性の病の疝気を治す研究をしていたが、ある日、うたた寝をしていた時、疝気の虫が夢に現われ、疝気の虫の好きなものと嫌いなもの、非常事態の時の逃げ場所を教えてくれる。疝気の虫は蕎麦が大好き、唐辛子が大嫌い、嫌いどころか唐辛子が体に触れると溶ける。

それを聞いた医者は、蕎麦で疝気の虫を誘い出し、一気にやっつける作戦に出る。これも馬鹿馬鹿しい。五代目古今亭志ん生《ここんていしんしょう》の得意ネタで、これも立川談志で何度か聞いたことがある。

悪い医者は講談に出て来る。《大岡政談《おおおかせいだん》》の《村井長庵》は、大岡越前守《おおおかえちぜんのかみ》が憎んでも憎みきれない三悪人の一人。人の命を助けるはずの医者の癖に、金のために何人もの人を殺した。

病気になればたいてい死んだ。でも生きたいという気持ちがあるから。多少なりとも医学の知識のある医者は頼りにされた。生きたいと思う病人に寄り添う。見放さない。そういう医者がいれば、生きる気力も起こり、救われた病人もいたのだろう。

《牡丹灯籠》

三遊亭圓朝・作の怪談話。死んだお露が恋しい男の新三郎を訪ねる話が出色。新三郎の死後は下男、伴蔵が出奔して、「栗橋宿」など、物語は展開する。

《金玉医者》

「金玉」という言葉が飛び出すおかしさがある。

《疝気の虫》

疝気のみならず、多くの病気は虫が起こすものだと思われていた。疳の虫などの言葉もある。水虫、虫歯などの病名も残っている。

《村井長庵》

《大岡政談》の一つ。天一坊、畦蔵重四郎と並ぶ、大岡越前守がもっとも憎んだ悪人の一人、村井長庵の犯罪と、それを暴く大岡の配下の活躍を描く。長庵の非道な悪辣さが中心で、連続講談で演じられている。

の

野ざらし

《野ざらし》

街中で倒れれば行き倒れ。役人と医者が来て、死因を調べて事件性がなければ、身元がわからなくても、倒れた場所の町内の者たちが弔ってくれた。

しかし、川原かなんかで死ぬと、そのまま屍が放置されて、鳥や獣についばまれ、骨となって朽ち果てることもあった。野に屍をさらす、野ざらしである。

落語《野ざらし》は、長屋に住む浪人の尾形清十郎が向島へ釣りに行った帰り道、川原に野ざらしになっていた人骨を回向したことから物語がはじまる。瓢箪に入っていた飲み残しの酒を掛け、「野をこやす骨を肩身にすすきかな」と手向けの句を詠み念仏を唱えた。その夜、尾形の長屋に一人の娘が訪ねて来る。

「向島から参りました」

「向島？　さては回向が仇となり狐狸妖怪の類がたぶらかしに参ったか！」

「いいえ、左様なことはありません。昼間の回向で、成仏することが出来ました。その御礼に参りました」

向島は今の墨田区。隅田川の向こう側で、まだまだ辺鄙な場所だった。

面白いのは、野ざらしになっていた女は尾形の回向で成仏したはずなのに、今度は尾形への礼という気持ちが浮世に残り、幽霊となって現われた。まぁ、その夜、尾形に礼をし、翌朝には無事成仏したのであろう。

落語はこの様子を見ていた隣家の八五郎が、女が訪ねて来た理由を尾形に問う。尾形は女が野ざらしの屍の幽霊だというと、

「あんないい女なら、幽霊でもかまわない。向島に行けば、まだ骨はありますか？」

美女の幽霊に訪ねて来て欲しいと八五郎は向島に出掛けて行き、騒動になる。

馬鹿の極みだ。美女なら幽霊でもいいって発想はなんだろう。そんなに現世の女にモテないのか。

「生きている女でも化け物みたいなのはいくらもいる」

うん、そらいるけれどさ。化け物みたいな女と、化け物は違う。

幽霊と同衾したらどうなるんだろう。そんなのは知らない。高熱でうなされるとか、そのままあの世に連れて行かれるとか、いろんな説があるけれど、まぁ、美女と楽しく暮らせるのなら、この世でもあの世でも構わないくらいの了見なんだろう。落語の登場人物は。

類似の噺で、今はほとんど演じられていないが《支那《しな》の野《の》ざらし》という噺がある。噺は同様、場所は中国。ある男が野ざらしになっている人骨を回向したら、夜中に美女が訪ねて来た。訪ねて来た美女は楊貴妃《ようきひ》の幽霊だった。それを聞いた隣家の男が、自分も楊貴妃と一夜をともにしたいと、荒野に出掛けて人骨を探し出し、回向をする。人骨はかなり大きかった。

夜中、「ヒが参りました」という声がするので、楊貴妃が来たと思い扉を開けると、そこには巨漢が立っていた。

「私は張飛《ちょうひ》でございます。昼間の回向の礼に参りました」

訪ねて来たのは「三国志」の英雄、張飛。「妃」でなく「飛」だった。張飛は男色、すなわちホモセクシャルで、男は張飛と一夜を過ごす。

あー、かなりオブラートに包んで書いている。

場所は中国だからね。英雄豪傑も戦さに敗れ、荒野に屍をさらすこともあったのだろう。古来からの多くの戦さで死んだ武将、豪傑でも、いまだに回向されずに屍をさらしている者も多くいるのかもしれない。

勿論、この噺は日本人が作った噺だよ。

日本でも美女といえば楊貴妃。そして、「三国志」も当時の教養として多くの人が知っていたから。愛すべき豪傑、張飛の人となりも知っていたのだ。

《野ざらし》

八五郎が尾形清十郎から幽霊の話を聞きだす前半に、向島の河原で女とのことを妄想し、釣り人たちと大騒ぎになる後半、大騒ぎの場面では、「さいさい節」を歌ったり賑やか。

三代目春風亭柳好の名演のCDが出ている。故古今亭志ん朝はじめこのネタを粋で面白く聞かせる落語家は多い。

本来は、幇間が八五郎の家を訪ね、八五郎が回向したのが馬の骨だったという落ちになる。太鼓(幇間)の皮は馬だという現在ではわかり難いので、大騒ぎで、釣り針をはずしたり、川に落ちたりで終わる場合が多い。

お 和尚

《黄金餅《こがねもち》》《寿限無《じゅげむ》》《転失気《てんしき》》《こんにゃく問答《もんどう》》

死と密接な仕事に僧侶がいる。お坊さん、和尚さん。

何せ、死ぬと、死骸を寺に運び、和尚に経を上げてもらう。《黄金餅》みたいに、経よりも鑑札（火葬の許可証）が欲しいという葬式は少ない。死者があの世に旅立つための、経は道標のようなものだ。

引導を渡す、なんていうことをいう。引導を渡せるのは、宗旨によっても違うのかもしれないが、一定の修行を積み、その資格を持った和尚に限ったという。

どんな貧乏弔いでも、とりあえず僧籍のある人に経を上げてもらう。（《らくだ》は読経がなかったが）。そうしないと、死者があの世に行かれない、成仏出来ない。成仏出来ないと、野ざらしの屍と同じく、無念の心を秘めてこの世に留まる。無念の気持ちが強いと、幽霊や、場合によっては妖怪になって災いをおよぼしたりするから、ちゃんと引導を渡してもらわないと、残された者たちも安心出来ない。

葬儀になくてはならない存在である一方、和尚は知識人の代表として、庶民から頼られる人物の一人だった。何せ、あの難しい経がすらすら読めるんだ。困った時は和尚の知識に頼る。和尚に頼って解決することもあるが、解決出来ないことだってある。そんな時、和尚はなんていうか。

「すべては御仏のお導き」

いいも悪いも仏が決めた運命だというんだから、そりゃないぜ。なんとかしてくれよ。それでも他に頼るものがなければ和尚に頼る。すなわち、御仏にすがるって意味かもしれない。

《寿限無》では和尚に赤ん坊の名前を付けてもらう。和尚に教わった名前を全部付けてしまい騒動になるというおなじみの噺だが、そもそも赤ん坊に「寿限無」であるとか「海砂利水魚」なんていう名前を付ける奴はいない。落語なんだから、まぁ、いいのだが。

《転失気》の和尚は知ったかぶりをして恥をかく。「和尚、転失気はございますかな」と医者にいわれ、転失気の意味がわからなかった。わからなきゃわからないで聞けばいいのだが、知識人として世間に知られている以上、「知らない」とはいえない。

寺の和尚はどうすればなれるのか。寺で修行を積む。しっかり修行を積んでいれば、余計な見栄で知ったかぶりをすることはないはずなんだが、人間なんてある程度の地位を得ると、どうしたって見栄が付きまとうものだ。

中には和尚のなり手がなく寂れてしまう田舎の寺もある。上州安中在のある寺は無住だった。村の世話役、こんにゃく屋の主人が、居候の八五郎に「和尚にならないか」と持ち掛ける。八五郎は江戸にいられなくなり、昔なじみだったこんにゃく屋の主人を頼ってやって来て居候をしていた。病気で頭の毛が抜けていたから、見た目は丁度いい。経も読めないが、これから覚えれば、まぁ、なんとかなるだろう。

ところが根がなまけ者の八五郎、覚悟を決めて仏道修行に勤しむ、なんていうことはしない。寺男の権助から「酒は般若湯《はんにゃとう》」「卵は御所車《ごしょぐるま》」と隠語を教わり、毎日般若湯の晩酌。寺が禅寺で、ここに本物の修行僧が問答を挑みにやって来るのが《こんにゃく問答》。

落語の和尚は碌なものが出て来ない。江戸の小噺で多いのは、僧侶の色事での失敗譚だ。見識のある和尚が女に迷って右往左往するのが面白かったのだろう。芝あたりの僧侶が身分を隠して品川あたりに出掛けて行くなんていうことは、現実によくあったそうだ。
女ならまだいいが、僧侶は衆道の過ちも多かった。僧侶は女犯は重罪。女が駄目なら男でいいや。男でいいじゃない、男がいい、若くていい男の僧侶に迷う名僧もいたんだそうだ。男心に男が惚れて……、という奴だ。煩悩のままに生きる。煩悩じゃない。魂の叫びを聞け。理屈付けて。女犯はしてないよ。男のほうが嫉妬が強い。男を取り合って刃傷沙汰なんてこともあるから、そら、笑いの種もいくらもあったろう。

《**黄金餅**》
「そ」参照

《**寿限無**》
熊五郎が子供の名前を和尚に付けてもらうに、経文より選んだ縁起のいい言葉を全部名前にしてしまう。
長い名前を覚えて流暢に喋る訓練として、前座がよく演じる。

《**転失気**》
転失気とは屁のこと。和尚の知ったかぶりが大騒ぎになる。
これも前座噺。

《こんにゃく問答》

こんにゃく屋の主人が大和尚のふりをして、修行僧と問答をする。無言の行で、パントマイムでやった問答の、それぞれの珍解釈が爆笑。

く

首括り

《ふたなり》《ねずみ穴《あな》》《花見《はなみ》の仇討《あだう》ち》

自殺というと、首括りがやはり一番多いのだろうか。

武士は「切腹」だろうが、腹なんかは切ってもなかなかすぐには死ねない。いずれ出血多量とかで死ぬんだろうが、刃物で腹を刺すんだから、そうとうな痛みがともなう。死ぬまで時間が掛かるのだから、長時間もがき苦しむ。だから、切腹の時は介錯をする人がいて、腹に刺したらすぐに首を落とした。これが達人ならスパッと首を落としてくれるが、下手糞だと始末が悪い。首が途中で繋がっていて、腹と首と両方が痛くてたまらんけど、数分間、死ねない、なんてえことにもなりかねない。

終戦の時、陸軍大臣の阿南惟幾《あなみこれちか》と、海軍軍令部次長で特攻隊の創設者、大西瀧次郎《おおにしたきじろう》は切腹した。二人とも介錯を拒み、阿南は一時間半近く痛みに耐えて死んだ。大西は一人作法通り腹十文字に切り、返す刀で首と胸を刺しながらも、数時間生き続け、駆け付けた児玉誉士夫《こだまよしお》に「特攻隊の英霊に申す、よく戦いたり。深謝す」と言い残して死んだという。

武士の切腹は潔い責任の取り方といわれ、痛みをともなうぶん、名誉であるともいわれた。

そこへゆくと庶民は、責任を取る、切羽詰まる、いろんな理由で自殺をするのこともあるのだろうが、なるべく痛みの伴わない死に方を望む。

落語によく出て来るのは、身投げだ。《文七元結《ぶんしちもっとい》》《佃祭《つくだまつり》》は身投げをしようとして助けられる。《死神《しにがみ》》の主人公もはじめ井戸に身を投げて死のうと考えるが、「子供の時に井戸に落ちた時に、水たくさん飲んで苦しい思いをしたが、あんな苦しい思いをするくらいなら、生きていたほうがましだ」といっている。

川でも井戸でも溺死は案外辛そうだ。

服毒自殺というのも、眠るように死ねるからいい。近代の文学者、太宰治《だざいおさむ》とか芥川《あくたがわ》龍之介《りゅうのすけ》とか、服毒自殺が多い。太宰は何度も服毒自殺未遂をし、最後に玉川上水に飛び込んだ。

だが、毒薬は高い。致死量の睡眠薬を買うには金がいる。死のうなんていうのは、いろんな理由があるが、金に困って死ぬなんていうのが多い。毒薬を買う金があれば、それで借金の一部を返すなり、資本にしてもう一度商売するなり、とりあえず飯を腹いっぱい食うなり、生きる方法を考える。生きる方法が考えられないくらいに切羽詰まるから死ぬんである。

そうなると、やはり簡単に、金を掛けず、苦しまずに死ねそうな自殺の方法が首括りである。

適当な木の枝に、縄でも紐でも、そんなものがなければ、手拭でも帯でも、巻き付けて輪にして首を入れて、踏み台蹴飛ばせば誰でも死ぬことが出来る。

首括りの出てくる落語。《ふたなり》、若い女が奉公先の男と間違いを起こし妊娠する。店を追い出されて途方に暮れた娘は首を括って死のうと考える。そこへ亀右衛門という漁師が通り掛かる。亀右衛門は親切な男だった。女が首を括ろうと思うがどうやって首を括ったらいいかわからない。亀右衛門は首括りのやり方を丁寧に教えるが女はなかなか理解出来ない。仕方ないのでやってみせることにするが、実際に紐に首を突っ込んで踏み台を蹴ったから、死んでしまう。女は驚いて逃げてしまう。女の遺書が残っていた。

役人が調べに来ると死んだのは男だが、遺書には自殺の理由が妊娠とあるので大騒ぎ。妊娠して店を追われた。そら、自殺したくなる気持ちはわからなくはないが、女が自殺しようなんて思わなければ、亀右衛門は死なずに済んだ。理不尽だよ、いい人なのに死んで、しかも理由が男なのに妊娠って。

《ねずみ穴》は火事で財産を失った竹次郎が、再起のために娘を売るが、その金をスリにすられる。これはもう自殺するしかないでしょう。でも首を括ったところで目が覚める。

夢でよかった。自殺しかないような状況だけれど、やっぱり死んじゃいけないね。

《花見の仇討ち》は目立ちたがりの連中が花見で賑わう飛鳥山で花見の茶番をやる噺。なんか目立つことをやりたい、皆がアッと驚くことをやりたいと相談している時、ある男が全員で並んで首を括ろうと言い出す。確かに、皆がアッと驚くだろうけれど。

《ふたなり》

雌雄同体の生き物をいう。半陰陽ともいう。五代目古今亭志ん生が演じていた。

《ねずみ穴》

努力して身代を築いた竹次郎、兄の家に行っている間に火事で財産を失う。再起の金を借りに行っても兄は貸してくれず。

六代目三遊亭圓生らが演じていた人情噺。

《花見の仇討ち》

江戸時代の滝亭鯉丈・作「八笑人」のワンエピソード。花見で賑わう飛鳥山で仇討ちパフォーマンスをやろうとする男たちの噺。

や

焼き場

《黄金餅《こがねもち》》《らくだ》《燃《も》えよジジババ》

葬式の出て来る落語に、《黄金餅》と《らくだ》がある。この二席は、死骸を焼き場（火葬場）に運ぶ場面が登場する。

火葬というのはいつ頃からはじまったんだろう。最初は文武天皇《もんむてんのう》の頃というから、六世紀の終わり。僧侶の道昭《どうしょう》が火葬で葬られた。仏教とともに火葬が伝わった、「荼毘に伏す」という言葉の語源ともいわれている。しかし、縄文時代の遺跡からも火葬の痕跡が出ているというから、太古の昔から土葬、火葬が両輪で行われていたようだ。

平安時代は、皇族、貴族、それに浄土宗の信者は火葬されていたが、一般には土葬が中心だった。鎌倉、室町の頃から少しづつ一般に広まっていった。

ただ、火葬には金が掛かった。土葬は埋めればいいだけだが、人を一人こんがり焼くには薪代だけでもかなり掛かったので、江戸時代の中頃くらいまでは、まだまだ土葬が主流だった。

とはいえ、とくに都市部では、埋める場所がなくなってくる。そのうちに火葬も、穴を掘って死骸を燃やすだけでなく、炉のようなものを用いて燃やすので、薪代もかなり節約出来るようになって来て、火葬も増えてゆく。とはいえ、街中に火葬場は作れないので、火葬の場合は郊外の焼き場まで死骸を運ばなければならなかった。

《黄金餅》では桐ヶ谷、《らくだ》では落合の焼き場が登場する。

桐ヶ谷の焼き場は、現在の目黒不動の近くの桐ヶ谷斎場ではない。江戸時代は麻布のあたりにあった。麻布は谷になっているから、よく霧が出た。霧深い谷なので、霧ヶ谷。《黄金餅》で一晩のうちに、上野から麻布の寺まで歩いて、葬儀を行い、目黒不動の桐ヶ谷に行って火葬を行うのは無理があると思ったが、焼き場も麻布なら納得が行く。

《黄金餅》で金兵衛が麻布の木蓮寺で葬儀を行うのは、当時、焼き場の切手（火葬許可証）を寺が発行したから。火葬許可証がなく火葬が出来たら、不審死は火葬しちまえば問題はなくなる。和尚が酒飲みで、なぁなぁだと、不審死でも火葬が許可される。ただし、金兵衛は和尚の飲み代を言い値で払わねばならなかった。

《らくだ》は落合（新宿区）。これは現在の落合葬場のあたりだろう。「高田馬場から早稲田、右に曲がれば新井薬師、左に行ったら淀橋、まっすぐ行けば落合」。落語の中で道順も説明されている。

落合の隠亡《おんぼう》は屑屋の久六の友達で、久六に借金があるようで、鑑札（焼き場の切手）がなくてもすぐに焼いてくれる。勿論、違法だろうが、一人二人焼いたってわからないものだったのかもしれない。

麻布も落合も江戸の郊外だ。やはり死体は忌み嫌われたので、街中からはずれた場所にあったのだろう。

焼き場で働く人を隠亡といった。《黄金餅》にも《らくだ》にも登場する。江戸時代は隠亡と呼ばれたが、今日では落語や時代劇の中でしか使われない。墓守の意味もあるが、基本は火葬を担当する仕事をいった。語源は「御坊《おぼう》」が訛ったといわれ、もともと火葬は下級僧侶の仕事だった。

明治になり、反仏教派の意見を聞き、政府は一時火葬を禁止する（一八七三～七五）が、すぐに火葬は再開される。仏教の僧侶からの意見と、都市人口の増加で土葬ではすぐに墓所不足が予想されたからであろう。大正時代からは公衆衛生の観点から火葬が推奨され、自治体が火葬場を運営するようになり、火葬の方法も近代的になり経費も軽減され、火葬が一般的になった。

現代の火葬場を舞台にした落語には、三遊亭圓丈《さんゆうていえんじょう》の《燃えよジジババ》がある。遺族の中に馬鹿がいて、「うちのじいちゃん」と「うちのばあちゃん」のどっちが先に焼けるかを争う、圓丈若き日の傑作である。馬鹿が出てくれば、死さえも笑いになる、というか、悲しい場所にこそ「笑い」は落ちている。

《黄金餅》

「そ」参照

《らくだ》

らくだの仇名で知られる乱暴者が死ぬ。兄貴分の半次と屑屋の久六が葬式を出すことになるが、久六は酒乱。酔った久六と半次がらくだの死骸を担いで落合の火葬場に行く。

五代目古今亭志ん生、八代目三笑亭可楽、立川談志らの名演が懐かしい。

《燃えよジジババ》

三遊亭圓丈・作の昭和五十七(一九八二)年の新作落語。死をモチーフにしながらもエキサイティングなネタ。

ま

饅頭で殺すと暗殺

《饅頭《まんじゅう》こわい》

《饅頭こわい》という落語は町内の若い衆が集まってワーワーいっているというだけの噺だ。話題は最初、「怖いもの」だった。誰にでも一つくらいは怖いものがある。蛇、蜘蛛、ナメクジ、おけら、蟻……、皆が怖いもの、嫌いなものをあげる中、熊五郎は「怖いものなんてない。人間は万物の霊長だ」と威張っている。「ホントに怖いものはないのか！」と聞いたら、熊五郎はあるモノを思い出して、ブルブル震え出した。

熊五郎が怖いものは饅頭だった。熊五郎は饅頭のことを考えたら気分か悪くなったといい、隣室に布団を敷いてもらい寝てしまう。町内の連中は、寝ている熊五郎の枕元に饅頭を積み上げて、起きた時に驚く姿を見て笑おうと言い出す。

「でもさ、考えただけで寝込んじまうんだぜ。そんな大量の饅頭みたら死んじゃうかもしれないよ」

「死んだって構わないよ、あんな奴」

「いや、まずいよ。饅頭で殺すんだ。暗殺になる」


餡子で殺すから、暗殺の洒落ね。落語も説明するとつまんないね。

このあと、町内の連中は、銭を出し合って饅頭を大量に買って来て、熊五郎の枕元に置く。目を覚ました熊五郎は驚くと思いきや、饅頭をパクパク食べはじめた。自分が饅頭が怖いといったら、連中は饅頭を買って来るだろうという熊五郎の計略、ホントは饅頭が大好きだったという噺。

せっかく暗殺なんていう言葉が出たので、暗殺に付いて記そう。暗殺とは、主に政治上の問題が理由で、密やかに行う殺人をいう。

殺されるのは要人。古くは、ジュリアス・シーザーとかね。暗殺された時の名科白が「ブルータス、お前もか」。ブルータスはシーザーの愛した女、セルウィリアの息子。シェイクスピアの「ジュリアス・シーザー」で人物も科白も有名になった。

「三国志」の蜀の英雄、張飛《ちょうひ》は部下に暗殺された。強過ぎて、戦場では誰も倒せない張飛だけに足元は弱かったのだ。

日本だと、崇峻天皇《すしゅんてんのう》が蘇我馬子《そがのうまこ》に殺されたのが暗殺のはじまりか。権力者による天皇暗殺は日本史の中でも衝撃的である。「古事記」「日本書紀」にはもっと前からいろいろあったろうがね。

大化の改新のクーデターも、中大兄皇子《なかのおおえのおうじ》（天智天皇《てんぢてんのう》）らによる蘇我入鹿《そがのいるか》の暗殺だろう。暗殺により、律令制が整備され、その後の日本の方向性が決まった。

源平合戦の終焉では、源頼朝《みなもとのよりとも》の子、頼家《よりいえ》、実朝《さねとも》が北条氏により暗殺された。平家打倒の旗頭の源氏を根絶やしにしてしまう、権力争いは恐ろしい。というか、もともと頼朝が弟の範頼《のりより》、義経《よしつね》ら平家討伐に尽力した一族を粛清した。彼らがいれば頼家の後見となり源氏は安泰だったかもしれない。一族で殺し合う、頼家も実朝も北条政子《ほうじょうまさこ》の実の子だ。絶対権力を確立しない限り、次は自分が殺される時代だったのかもしれない。

足利幕府は、六代義教《よしのり》が赤松満祐《あかまつみつすけ》に、十三代義輝《よしてる》が松永久秀《まつながひさひで》に暗殺される。赤松満祐、松永久秀は江戸時代の歌舞伎で、敵役として登場する。江戸庶民の感覚としては、暗殺というのは褒められたことではなかったのか。

戦国時代は暗殺、謀殺が続く。その後も、本能寺の変、桜田門外の変、幕末には天誅などといい、反対派を次々に粛清した。坂本龍馬《さかもとりょうま》、清河八郎《きよかわはちろう》、佐久間象山《さくましょうざん》ら、明治になっても、大村益次郎《おおむらますじろう》、大久保利通《おおくぼとしみち》らが暗殺された。

権力争い、保身、いろんな理由から権力者を暗殺し、時代の流れを変えたり変えなかったり、というのが歴史なんだろう。暗殺者は罪科に問われる、あるいは反逆、裏切りの汚名を着る覚悟をもって闇討ちにするんだ。そういう時代に生きる者たちとは縁なく、平和な時代に「饅頭で暗殺」などといえる、落語の登場人物は幸福である。

《饅頭こわい》

町内の連中が集まって騒ぐ滑稽噺。

五代目柳家小さんが得意にしていたのをはじめ、真打から前座まで幅広く演じられている。落ちの「お茶が怖い」は日常でも用いられている。ほかにも「櫓炬燵を食えといわれ、食えといわれれば食えなくないが、当たるものは食わない」などのクスグリも知られている。

上方版は怪談噺の要素が含まれ大ネタに分類される。

お江戸こぼればなし　伍

医者

江戸時代でも、医者になるのは大変だったのか。

まっとうな医療行為を行うには、いくら医学が発達していない時代とはいえ、それなりの知識は必要だろう。だが、落語に出て来る藪医者は決してデフォルメでなく、確かにいた。すぐに患者に葛根湯を飲ませる葛根湯医者というのが出て来るが、実際に薬屋に奉公し、薬の名前を覚えただけで医者になった者はいたそうだ。

医者になるには、医者に弟子入りして修業、というか勉強をした。奉公ではなく、書生だ。今でいうインターンだ。与太郎が医者の書生として登場する《代脈》などという落語もある。

落語に出て来る名医は、呪文で病人を治す《死神》の主人公か。これも運命には逆らえない。どんな名医でも人間はいつかは死ぬのだから、やはり運命には逆らえないのかもしれない。

医は仁術と医療に尽力する医者が《さじ加減》などに登場する。田舎の医者だが、山を越えて往診に行く《夏の医者》の主人公も、落語には珍しい人格者の医者である。

け 血脈の印

《お血脈《けちみゃく》》《釜泥《かまどろ》》

死後、地獄に行きたいというのは、余程の酔狂者だ。

なるべくなら極楽に行きたい。

では、どうすれば極楽に行かれるのか。善行を積めば極楽に行かれる。

人に親切にしたり、寄付をしたり、いろいろやっても不安だから、寺や教会に相談に行く。すると宗教家はいう。

「寺（教会）に奉仕をしなさい」

早い話が寄付を寄越せ。これを「地獄の沙汰も金次第」というんだろう。

浄土宗は念仏を唱えれば極楽に行かれると説いた。

他に極楽に行かれる方法はないのか？

落語に《お血脈》というネタがある。

仏教が伝来したおり、物部守屋《もののべのもりや》は仏像を池に沈めた。本多善光《ほんだよしみつ》という人が池の近くを通り掛かると、池から光が放たれて、一寸八分の金の仏像が「我は信州にまかりこしたい」という。善光は仏像を押し戴き、信州の地に運び寺を建てた。これが長野の善光寺である。

仏陀からの血脈を受け継いだ善光寺において、血脈の印が誕生した。

血脈の印を額に押してもらうと、極楽に行かれる。極楽行きのチケットとして、人々に親しまれた。

多くの人々が信州に出掛け、善光寺で血脈の印を授かった。極楽に行きたい、人々の願望はいろいろな形で叶えられる。すなわち、それが「救い」なのであろう。

落語はここからが物語のはじまり。

世間の人たちが、皆、極楽に行ってしまったので、地獄が寂れる。

「地獄の沙汰も金次第」。閻魔に賄賂を払わなくても極楽に行かれるから。地獄は減収となり、困窮する。赤鬼は生活に困って虎の皮の褌まで質に入れたり。

地獄の考えた対策は、地獄には古来の盗人が多く来ているので、その者を善光寺に行かせて血脈の印を盗ませる。選ばれたのが、石川五右衛門《いしかわごえもん》。

石川五右衛門ってえのは、安土桃山時代の盗賊。豊臣秀吉《とよとみひでよし》を寝首をかこうと、伏見城に潜入するが、捕らわれて、釜茹での刑になった。釜茹でっていうのは、茹でられるわけじゃない。そんな五右衛門の出汁をとるんじゃない。油の煮えた釜に人間を入れる、五右衛門のから揚げ、凄い刑罰を考えるもんだ。しかも五右衛門の子供も同様に殺した。それだけ秀吉に憎まれたのか。いや、自分に逆らうとこうなるという見せしめなんだろう。

この時に詠んだ時世の句が「石川や浜の真砂は尽きるとも、世に盗人の種は尽きまじ」。泥棒は未来永劫なくならないよ、といったわけだ。落語では《強情灸《ごうじょうきゅう》》にこのエピソードが出て来る。また、《釜泥》では石川五右衛門の仇討ちだってんで、釜ばかりを専門に盗む泥棒が登場する。そんなもの盗んでどうするんだと思ったら、つぶして鉄として売るのね。なるほど。

百地三太夫《ももちさんだゆう》の弟子で伊賀流の忍術が使えたとか、実は秀吉の幼馴染だったとか、それだけに敵方に寝返り寝首をかきに来たことに秀吉が怒りを感じたとか、五右衛門にはほかにもさまざまな伝説がある。

歌舞伎「楼門五三桐《さんもんごさんのきり》」（作・初代並木五瓶《なみきごへい》[1]）の、大百日鬘《だいびゃくにちかつら》というヘアースタイルが五右衛門のトレードマークになっている。五右衛門が歌舞伎の登場人物であるということが《お血脈》のサゲに繋がる。落語はいろんな意味で歌舞伎の影響を受けているが、それだけ江戸時代の人々の中に、歌舞伎の名場面、名科白が浸透していたということであろう。

《お血脈》は地噺。《源平盛衰記《げんぺいせいすいき》》などと同様、演者がセンスで聞かせるネタ。五代目古今亭志《ここんていし》ん生《しょう》が得意にしていたが、もともとは短い噺だった。現代の演者なら、あの世の風景をおもしろおかしく語ることも出来よう。

(1) 初代並木五瓶…江戸時代の歌舞伎作者。延享四(一七四七)年〜文化五(一八〇八)年。主な作品《楼門五三桐》《五大力》など。

《お血脈》

仏教伝来から、信濃善光寺の由来、そして舞台は地獄へ移り、石川五右衛門が善光寺に血脈の印を盗みに行くという、ある意味壮大な地噺。

善光寺は長野市にある寺院。阿弥陀様を本尊とするが無宗派。江戸時代は「一生に一度は善光寺詣り」といわれたが、各地で出開帳が行われ、多くの人に親しまれていた。ちなみに、現在は善光寺に行っても血脈の印は押してはもらえない。「ご戒壇巡り」というのがあり、秘仏の下の回廊を巡り、暗闇の中で錠前に触れることで、極楽行きを約束されるらしい。

《釜泥》

江戸の街で釜を専門に盗む泥棒が出現。豆腐屋の主人は釜を盗まれては大変と、自らが釜の中に入って、泥棒が来たら捕らえようと考えるが、釜の中が居心地がよく、ついつい居眠りをはじめてしまう。

ふ

無礼討ち
《首提灯《くびぢょうちん》》

江戸時代は武士の時代である。法律も生活環境も武士のために作られていた。往来の七分を武士が歩き、残り三分を農工商が歩いた、というくらいだ。

武士の仕事の基本は戦闘である。平和時には、幕府の行政に携わる者もいたが、それはごく一部。普段はとくにやることはない。それでも合戦となった時には、知行に応じた戦闘員を動員せねばならない。何もしない者にも食録を与えて養わねばならないから、何千石の知行があっても、家臣の食録などの経費はかかる。武器の手入れや戦闘訓練もしておかねばならない。とはいえ、江戸時代は大坂の役以来、戦さがなかった。だから出番がないままに、軍事訓練だけしていたのである。

江戸っ子は徳川様のおかげで暮らしていたので、旗本や御家人とは案外仲がよかった。

商売をしている者にはいい顧客である。職人も旗本、御家人の屋敷に出入りをした。知行地からは決まった収入があるから、江戸時代の数少ない定収入のある人たちなので、貸し売りをしても取りっぱぐれることもない。旗本の中には屋敷の一部を町屋に貸している者もいた。殿様が大家さんというわけだ。

一方、大名と江戸っ子は仲が悪い。参勤交代の供で、多くの田舎の侍たちが江戸に出て来る。江戸の生活に馴染むことなく、ただ威張って一年経つと帰って行く。だから、江戸っ子は大名の家臣を馬鹿にした。

しかし、相手は武士だ。武士っていうのは、刀を持っている。太平の世とはいえ、怖い存在でもあるのだ。武士といえども滅多に刀を抜くものではない。間違いがあれば、咎められる。死罪にはならなくても、お叱りでも、名誉なことではないから、たいていのことでは我慢した。だが、抜かない、と思っていても、抜いてしまうことがあるのが、刀。持っていれば抜きたくなるのが、刀だ。三島由紀夫《みしまゆきお》を見ればわかる。昭和四十五（一九七〇）年の事件は三島が彼が新しい刀を手に入れたから起こった。

《首提灯》。今の大門（港区）のあたりに碑が建っている。随分、暗いところだったようだ。ここで道に迷った田舎侍と酒に酔った江戸っ子がばったり会った。

「これ、町人、麻布へ参るはどう参る」

威張ってる。それが他人に道を聞く態度かね。いくら武士でも口の利き方というのはあるだろう。

「お前のような田舎侍が道に迷った時の道案内で歩いてるんじゃねえや、丸太ん棒め」

江戸っ子は酔っていたから。調子に乗った江戸っ子、最後は痰を吐いたら武士の紋服を汚した。武士は一刀で町人の首を落とす。

これが無礼討ちだ。

六代目三遊亭圓生《さんゆうていえんしょう》がやると、首を斬ったあと武士が謡いをやりながら去って行くところがカッコイイ。五代目柳家小《やなぎやこ》さん(1)は剣道の達人だったから。実際に居合いで斬る仕草を迫真で見せた。

講談のネタにもある。《赤穂義士伝《あこうぎしでん》》から。《矢田五郎右衛門《やだごろうえもん》》、浅野藩士の一人で腕の立つ矢田五郎右衛門、酔って屋敷に帰る途中、猿回しと会う。猿が突然暴れて五郎右衛門を襲ったので、猿の首を落とした。猿回しが怒った。「武士の癖に猿にひっかかれるような腕で役に立つのか」。いわれて五郎右衛門、堪忍袋の緒が切れて、猿回しも斬る。五郎右衛門は屋敷に逃げ込み、役人の詮議は受けず、浅野内匠頭《あさのたくみのかみ》もこれを許す。のちに五郎右衛門は、猿回しが仲間に慕われていた人物であることを知り、心を痛める。心を痛めるだけで、罪には問われない。

相手が猿回しであったから罪には問われないが、武士同士で争い抜刀すれば、罪に問われる、あるれいは藩が咎めを受ける場合もあった。それをいいことに大名の行列に喧嘩を売る浪人もいた。相手が刀を抜かないので、喧嘩を売り、金を強請るのだ。《勝田《かった》新左衛門《しんざえもん》》は内匠頭の供侍だった新左衛門、そんな浪人たちを抜刀せず体術で倒す。それもひとつの方法だ。

刃傷事件後は、ことを荒立て調べられることは厳禁、赤穂浪人はひたすら耐えた。《神崎与五郎《かんざきよごろう》》の与五郎は箱根屋山で馬喰の丑五郎に詫び証文を書く。

武士も何かと大変だが、やはり刀を持っている武士と共存する町人たちのほうが大変だったろう。

（1）柳家小さん…昭和から平成に活躍の落語家。大正四(一九一五)年~平成十四(二〇〇二)年。戦後、頭角をあらわし、滑稽落語の第一人者となる。落語協会会長を二十四年務め、落語界初の人間国宝となる。永谷園のコマーシャルでもおなじみ。趣味は剣道で、北辰一刀流。

《首提灯》

落ちは二種類ある。江戸っ子は首を斬られる。斬った武士の腕がよかったんで、斬られたことを気づかずしばらく歩いていると、だんだん首が横を向く。おかしいなぁ。「あれ！　野郎、ホントに斬りやがったな」。そこに火事が起こる。武士と火事は江戸の名物。首を落としてはたいへんと、首を掲げて、提灯に見立てて、「はい、ごめんよ」と人混みをかきわける。もう一つは、首を抱えたまま火事見舞いに行き、首を見せて「八五郎でございます」。提灯には名前が書いてある。

こ

絞殺

《双蝶々《ふたつちょうちょう》》

六代目三遊亭圓生《さんゆうていえんしょう》が演じた人情噺《双蝶々》に絞殺シーンが登場する。これがかなり衝撃的だ。

長兵衛の妻は息子を産むとすぐに死んでしまった。赤ん坊は長吉と名付けられた。長吉を育てるために長兵衛は後妻のお光を迎える。長兵衛もお光も懸命に長吉を育てていたが、近所のお喋りが長吉に「お前の母親は実の母親じゃない」と告げたため、長吉はぐれる。長吉は近所で度々盗みを働く。親はなんとか更正させようと奉公に出すが、悪い仲間と付き合うようになる。表向き真面目に働いている長吉だが実はスリの仲間に入る。これを番頭の藤九郎に知られて強請られる。さらには丁稚の定吉にも知られてしまう。長吉は定吉に、首から掛けるお守りを買ってやるといい、紐の長さを見るからと、定吉の首に紐を掛ける。

「ちょっと長い。もう少し。あー、そんなもんでいい。短いよ。もっと長くていいんだ。短いよ」

手拭を紐に見立てて、次の瞬間、左腕に手拭を巻いて、右手で引く。お守りの紐で定吉を絞殺する迫真のシーンである。

絞殺の出て来る落語は、おそらくこの一席だけだろう。のちに、三遊亭圓丈《さんゆうていえんじょう》が新作落語《ランボー怒《いか》りの脱出《だっしゅつ》》で、ジョン・ランボーがヘリコプターの操縦士を絞殺するシーンで、「圓生に習った絞殺」と断わり、このシーンを再現している。新作落語《ランボー怒りの脱出》は落語の表現方法で演じるアクション映画というコンセプトの噺だ。

《双蝶々》は圓生のほか、八代目林家正蔵《はやしやしょうぞう》(1)も演じていたが、絞殺シーンはない。門下の林家正雀《はやしやしょうじゃく》は「師匠は残虐な場面はあえてやらなかった」といっている。ただの絞殺ではない。定吉は年少の丁稚だ。子供を殺すのだから、余計あと味がよくない。

今、《双蝶々》をやる落語家は、正雀以外は圓生の形の絞殺を演じる。ここがやはり見せ場だし、むしろ落語家として、この場面を見せて客を唸らせたいという気持ちはあるのだろう。

演者の熱演が迫真であればあるほど、客席は重くなる。一方で、長吉のそれまでのスリやこそ泥から本格的な悪党になる決意のようなものが、定吉殺しから伝わるとすれば、ここは重要なシーンでもある。悪はカッコイイ。悪であるほどカッコイイ。人情噺は悪のカッコよさを描く。落語はそんな悪のカッコよさは否定するが、人情噺は悪も美学として語るのである。美学だからやるせない。

長吉は番頭の藤九郎を殺し、店の金を奪って逃亡。その後、長吉は大盗賊の親分となる。長吉の父、長兵衛は病になり、お光がもの乞いをして細々暮らしている。たまたま通り掛かった長吉はもの乞いをしているお光に金を渡す。自分がぐれてしまったために親が不幸のどん底にあることを後悔する。だが、時は遅かった。長吉は盗賊。長吉のもとには捕吏の手が迫っていた。雪の降り出す中、長吉は長兵衛と別れ、捕吏に追われながら、ふたたび逃亡する。

後半は親子の人情噺となる。長吉は大盗賊の親分だが、不孝をした実の親、そして、反抗して苦労を掛けた育ての母の零落を見て、悔やむ。だが、時すでに遅し、という展閉だ。長兵衛は長吉が盗賊になったことを知っている。自分たちには未来がないことも知っている。長吉は哀れな両親を捨てて逃げるしかない。

長吉がただ大盗賊になった、悪い奴だという説明だけでは不足なのを、定吉絞殺の件があると、その後悔が強調される。一方で、あんな風に罪のない子供を殺して、何をいまさら親子の情だ、という風に思わなくもない。人情噺はある意味残酷なのだ。やるせない、救いのない、そういう噺もあるのが人情噺なのである。

(1) 八代目林家正蔵…落語家。明治二十八(一八九五)年～昭和五十七(一九八二)年。怪談噺、人情噺、芝居噺を得意とし、稲荷町の長屋に住んでいたところから、「稲荷町の師匠」と呼ばれた。昭和五十六(一九八一)年正蔵の名を返上し、彦六を名乗った。頑固一徹なイメージから、没後もエピソードなどが高座で綴られ、今日でも伝説の落語家の一人として親しまれている。

(2) 林家正雀…落語家。昭和二十六(一九五一)年～。八代目林家正蔵門下で、芝居噺はじめ多くのネタを継承している。噺家による鹿芝居の脚本でも活躍。

《双蝶々》

人情噺で、長吉が定吉と番頭を殺して出奔するところまでが前半、盗賊となった長吉が義母と再会し、捕吏に追われるまでが後半。上下にわけて演じられる場合が多い。タイトルは歌舞伎の「双蝶々曲輪日記」より。物語に共通はなく、登場人物の名前のみを借りている。《お初徳兵衛》、《明烏》の浦里・時次郎、《宮戸川》のお花・半七など、歌舞伎や浄瑠璃から名前だけを借りて別話を作ることはよく行われている。もとの歌舞伎や浄瑠璃が流行していたからであろう。

え

圓朝

《真景累ヶ淵《しんけいかさねがふち》》《牡丹灯籠《ぼたんどうろう》》《塩原多助一代記《しおばらたすけいちだいき》》

三遊亭圓朝《さんゆうていえんちょう》（天保十年～明治三十三年）は幕末から明治に活躍した落語家。《真景累ヶ淵》《牡丹灯籠》《塩原多助一代記》や《死神《しにがみ》》《鰍沢《かじかざわ》》など多くの落語を創作している。落語がイメージする荒唐無稽、バカバカしい話ではない、人情噺という文芸鑑賞というべき作品群を創作し、それを優れた話術で口演した。また、圓朝の速記本が売られたことで、言文一致運動にも影響を与えた。

圓朝作品は、怪談噺、人情噺が多いので「死」が話のキーになる。圓朝の死生観は僧侶だった兄の影響が大きかったといわれている。もう一つは、圓朝の生きた時代、「近代」というのも影響を与えていると思われる。

世の中は明治になり、ガス灯が点り、明るくなった。いまさら、「怪談」でもあるまいという時代に、圓朝は怪談を語り人気を得た。

《真景累ヶ淵》のマクラで圓朝は、「幽霊が見えるなんていうのは、神経のなせる技」だといい、そこから「真景（しんけい）累ヶ淵」というタイトルを付けた。

人を殺したり、物を盗んだりした者は、必ず心を病む。そして、神経がおかしくなって幽霊を見たりするものだともいい、因果因縁で結ばれた壮大なドラマの《真景累ヶ淵》を綴ってゆくのだ。

一方の《牡丹灯籠》、根津清水谷に住む浪人、萩原新三郎のもとへ毎夜、お嬢様の幽霊が通って来る。根津の清水谷というのは、今の千駄木駅の近く。今の蛇道がちょうど川だった。夏の夜、蛍なんかも飛んでいる幻想的な景色の中、恋焦がれて死んだお露の幽霊に、新三郎は取り殺される。切なく美しい怪談噺として描かれるのが前半、実はこの話はという謎解きがある。新三郎は幽霊に取り殺されたんじゃない。新三郎を殺したのは伴蔵という男で、伴蔵は新三郎の家から金と黄金の仏像を盗み、墓場から骸骨を掘り出して、新三郎に抱かせ、幽霊に取り殺されたという噂を流したのだ。そして、騒ぎの中、伴蔵は出奔する。幽霊なんかいない、すべて悪い奴の企てだった、悪い奴じゃない、圓朝の企みなのだ。

幽霊なんか信じない時代でも、複雑な因果応報や、幻想的な世界観で怪談を聞かせてしまう。圓朝の物語の力もあり、語りの技もあったのだろう。

怪談だけでなく、人情噺においても、圓朝作品は「死」がキーとなる話がある。

《塩原多助一代記》は上州沼田から江戸に出て来た多助が炭屋を開業し、一生懸命働いて財産を築く、出世物語。勤勉の奨励がテーマで、小学校の修身の教科書にも取り上げられた。

この話の前半、多助が上州から出て来る話が凄い。多助の家は上州沼田の豪農で三百石の田地を持っていた。多助の養母、かめには、えいという連れ子がいて、多助とえいは夫婦になるが、かめ、えい母娘は近くに住む無役の武士、原丹治、丹三郎という父子と情を交わし、多助を殺そうとする。

多助が可愛いがっていた馬のあおの機転で、多助は丹三郎の襲撃を逃れた。代わりに、親切な村人の円次が殺される。次は必ず自分の命がないと思った多助は、生まれ故郷を捨てて出奔する。不倫妻に、その母、それにそそのかされて人殺しも平然とやってのける武士の父子、そんな連中による血みどろの物語。多助は逃げたが、なんの関係のない円次は殺されている。

多助は江戸で成功した。一方、不倫妻のえいは……。なんと、あおに食い殺される。因果応報、不倫妻は悲惨な死をもって罪を償う。
ほかにも《名人長二《めいじんちょうじ》》はモーパッサン「親殺し」の翻案、同じく翻案では《死神》もある。江戸の落語とは異なる、近代の「死」をとらえた人情噺が江戸の世界で展開する妙、それを現代の落語家がどう演じるかも、圓朝作品の楽しみの一つである。

《真景累ヶ淵》
三遊亭圓朝・作の長編怪談噺。
旗本、深見新左衛門が按摩の宗悦を殺したため、新左衛門と宗悦の遺児たちの間で起こる因縁話。複雑に物語が絡まる。
現在、全編を通しで演じられてはいないが、結末を故桂歌丸が演じた。

《牡丹灯籠》
「ゐ」参照

《塩原多助一代記》
沼田の百姓、多助が江戸へ出て成功する話。勤勉と立身がテーマで、教科書にも取り上げられたが、前半は圓朝ならではの血まみれの人間ドラマ。

て

天寿

《強飯《こわめし》の女郎買《じょろうか》い》

人の死は、誰でも悲しい。身内や友人なら、とくに悲しい。それがたとえ老人であっても、悲しかったり寂しかったりする。

「あの人は天寿を全うした」ということもある。

場合によっては、お祝いをすることもある。天寿、長寿を祝う。よくここまで生きました。お疲れ様の意味もある。また、それに続く、息子や孫も、あやかりたい、という思いもあったりする。

では、天寿とは一体、何歳くらいをいうのだろうか？

平均寿命が五十歳くらいなら、還暦くらいまで生きれば天寿だろうか。

還暦とは六十歳（数え六十一歳）。十干、十二支の干支を一まわり六十年で、還暦となる。

一般にも赤いちゃんちゃんこを着て長寿を祝う。

これを人生の節目に考える人が多く、企業などで定年退職を六十歳としているところは、還暦に由来しているところが多い。近年では、定年も六十五、七十と延長しているところも多いので、「還暦」を節目とすることもないかもしれない。

還暦の先は、古希。古来、希《まれ》な年齢ということらしい。これが七十歳で、現代では希でもなんでもない。

その先は節目も洒落になる。

喜寿は七七歳。旧字の「㐂」より。

米寿は八十八歳。「米」という字をバラバラにすると、「八十八」になる。ちなみに米を作るには、八十八の工程が掛かるといわれている。桂米朝の俳号は「八十（やそ）」で、米の字から取っている。

白寿は九十九歳。「百」から「一」を引いて「白」。

ようは何歳まで生きたから天寿ということではない。

昔は平均寿命も短い一方、結婚なども早かった。当然、子供も早く出来るから、四十歳くらいで子供が成人する。平均寿命が五十歳だから、四十代半ばで子供も一人前、孫なんかも出来れば、隠居というのもあった。

落語にはあまり老人は出て来ないが、横丁の隠居というのは出て来る。長屋の八五郎、熊五郎にいろいろ教えてくれたり、困った時には金を貸してくれたりもする。老人として演じるが、そんなに老人でもないのかもしれない。隠居をしても老人コミュニティで細々と生きるのではなく、長屋の若い者と共存するところに意味がある。ものを売ったり作ったりという仕事はせずとも、社会の中での役割があるうちは、天寿とはいわないのかもしれない。

長生きでも死んだら身内は悲しいが、「天寿」と思って祝えば、慰めにはなる。

《強飯の女郎買い》という落語は、《子別《こわか》れ》の上で、熊五郎が女房子供と別れるきっかけになる噺。

熊五郎は知り合いの隠居の通夜に行くが、さんざん飲んで酔っ払い、知り合いの紙屑屋(1)と一緒に吉原に繰り出すという噺。で、何日も居続けをして、女房と喧嘩になって、女房、子供は出て行く。酷い話だね。

前段の通夜の席では、弁松の強飯(2)が出る。これを持って吉原に出掛けるから《強飯の女郎買い》。死んだ隠居が九十六歳。天寿をまっとうした隠居を祝って、弁当も奮発したのであろう。熊五郎が酔っ払ったのも、隠居の天寿を祝ってのことだろう。

（1）紙屑屋…紙のリサイクル業者。紙屑を拾ったり買ったりして集める。

（2）弁松の強飯…日本橋にある老舗の弁当屋の強飯。文化七（一八一〇）年に飯屋として創業、持ち帰りように経木などで包んだのが折り詰め弁当のはじまりで、嘉永三（一八五〇）年、折詰弁当専門の弁松となった。

《強飯の女郎買い》

「そ」参照

お江戸こぼればなし　陸

講釈師

　軍談などを聞かせる講釈師は江戸中期に登場した。浪人や学者くずれ、僧侶くずれの知識人が盛り場で「太平記」を読み聞かせたのがはじまり。芸能化し、江戸の後期には、釈場と呼ばれる講談専門の寄席で、軍談だけでなく、世話物や当時の事件のルポなども読まれるようになり講談という芸が確立した。

　軍談とは、源平合戦から戦国時代の武将や合戦の物語を聞かせるもの。悲哀のドラマであったり、勇ましさや忠義などの美学をテーマに掲げる場合もある。合戦場面を読む手法を、修羅場という。今日でも合戦場面を語ることを修羅場といい、修羅場のうまい講釈師を「修羅場読みの名人」などともいう。「修羅場」は一般には「しゅらば」と読むが、神田派の講釈師は「ひらば」と読む。修羅とは、六道の修羅道、阿修羅のいる世界で、人の情を捨てて戦うことを意味する。まさに合戦とは修羅そのものである。

　武士が闊歩していた時代、合戦こそ起こらないまでも、武士道を賞賛したり、またある時は悲哀のドラマとして描く講談の物語は、多くの人の支持を集めた。

あ

仇討ち

《高田馬場《たかだのばば》》《宿屋《やどや》の仇討《あだう》ち》《花見《はなみ》の仇討《あだう》ち》

間違いがあって親、兄弟、主君などが殺された場合、武士は仇討ちをしなければならなかった。無事仇討ちをしなければ、殺された親、兄弟の役職や知行を相続出来なかったから、恨みや憎しみもあるが、義務的に仇討ちをせざる得ないところに追い込まれるわけだ。

相手がわかっていて、否を認めて観念していればいい。中には相手が凄腕で、返り討ちなんていうこともある。そんな時は、助っ人を頼んだりする。

また相手が出奔してしまうこともある。そんな時は、日本中を探し歩いて討たねばならなかった。

討つほうも逃げるほうも大変である。

講談、浪曲には、仇討ちを題材にしたものは多くある。《宮本武蔵《みやもとむさし》》も講談では、佐々木巌流《ささきがんりゅう》は父を闇討ちした仇ということになっている。《岩見重太郎《いわみじゅうたろう》》では、仇が大名に匿われたため、重太郎は三千人の軍を相手に戦う。講談だから、重太郎のもとに助っ人の後藤又兵衛《ごとうまたべえ》、塙団右衛門《ばんだんえもん》が駆け付け、三人で三千人を斬って斬って斬りまくる。

俗に日本三大仇討ちと呼ばれているのが、《曽我兄弟《そがきょうだい》》《赤穂事件《あこうじけん》》《荒木又右衛門鍵屋の辻《あらきまたえもんかぎやのつじ》》。

《曽我兄弟》は、鎌倉時代、曽我十郎《そがじゅうろう》、五郎《ごろう》の兄弟が父の仇、工藤祐経《くどうすけつね》を討つ話。歌舞伎でおなじみとなり、「曽我もの」と称される派生作品が多く生まれた。

《赤穂事件》は、《忠臣蔵》でおなじみ。ちなみに、《忠臣蔵》は浄瑠璃、歌舞伎の《仮名手本忠臣蔵《かなでほんちゅうしんぐら》》からで、「太平記」の時代に置き換えた大星由良之助《おおぼしゆらのすけ》が実は元禄の「忠臣の内蔵助である」というところから《忠臣蔵》と呼ばれるようになった。講談、浪曲では《赤穂義士伝《あこうぎしでん》》という。

落語では《赤穂事件》そのものを扱ったものは少ない。《七段目《しちだんめ》》《四段目《よだんめ》》といった歌舞伎をモチーフにしたものや、《中村仲蔵《なかむらなかぞう》》《淀五郎《よどごろう》》など、歌舞伎の《忠臣蔵《ちゅうしんぐら》》を演じる役者の苦心譚がおなじみ。

《荒木又右衛門鍵屋の辻》は、渡辺数馬《わたなべかずま》が弟の仇、河合又五郎《かわいまたごろう》を討つ話で、荒木又右衛門はあくまでも助っ人。又五郎が旗本に匿われていたため、又右衛門が護衛の武士三十六人を斬って仇討ちを成就させた。実際は三人しか斬っていないが、話を盛り上げるために、講釈師が増やしていった。

落語で仇討ちを扱ったものもいくつかある。

出奔した仇を追って旅する武士を、別の視点から面白く捉えて描く。

《高田馬場》は仇討ちの名乗りを上げた武士が翌日、高田馬場で仇討ちを行うというので、群集が高田馬場に集まる。これは見物人を呼んで、飲食店が儲けようという商売で、仇討ちの武士たちは高田馬場の飲食店から宣伝料をもらっていた。

場所の高田馬場は《赤穂義士伝》の堀部安兵衛《ほりべやすべえ》が叔父の仇を討った場所で有名。

《宿屋の仇討ち》は、旅の若い者三人が宿屋で騒ぐので、隣室の武士は眠れず迷惑。そのうちに旅人は色事話をはじめた。一人が三年前に川越の城下で武士の妻と不義をし、妻と弟を殺して逃げたという話をする。勿論、嘘話なのだが、隣室の武士は元川越藩士で妻、弟を殺して出奔した仇を探しての旅の途中だと言い出したから、若者たちは大あわて。

仇討ち旅がわりとよくあることだったから、落語にも描かれたのか。

《花見の仇討ち》は花見の席で、仇討ちパフォーマンスで盛り上がろうというおバカな連中の話。仇討ちがドラマチックで、それだけ注目を集めたのだろう。作者の瀧亭鯉《りゅうていり》丈《じょう》は実際に仲間とこんな遊びをやっては面白おかしい失敗を繰り返していた。

《高田馬場》

高田馬場は、元禄の頃に、「赤穂義士伝」でおなじみ中山安兵衛（のちの堀部）が叔父の仇討ちを行った場所。落語は関係ないが、仇討ちの名所というような意味で高田馬場なのだろう。

《宿屋の仇討ち》

神奈川宿が舞台で、旅の最後の一夕ではめをはずした江戸っ子の噺。もとは上方落語の「宿屋仇」で、二代目桂三木助から、三代目三木助、八代目林家正蔵に伝わった。上方は大坂の日本橋《にっぽんばし》の旅籠が舞台。

《花見の仇討ち》

「く」参照

さ

殺人

《後家《ごけ》殺し》《宮戸川《みやとがわ》》

殺人、人殺しの落語がある。タイトルも《後家殺し》。

常吉は義太夫がうまかった。そのことで金持ちの伊勢屋の後家に見初められて、いわゆる男妾のような存在になった。常吉には女房、子供もいたが、常吉を気に入った後家は、女房、子供の生活の面倒までみた。正月と盆にはしつけ糸（仕立てた着物に狂いのないように、荒く縫ってある糸）のついた女房、子供の着物まで送られてくるくらいだ。常吉は職人だが、世間体で仕事はしているが、後家からもらう金で暮らしていた。女に金を使うのではなく、女に金をもらって生活する、それが男冥利だと思っていた。ところが、ある日、後家が心変わりをしたという噂を聞く。常吉は嫉妬に狂った。

「よくもてめえは、男の顔に泥を塗りやがったな」

懐から出刃包丁。逃げようとする後家を追う。後家が転んだところを、お供え餅を叩き壊すように、出刃包丁をふりおろす。

男の嫉妬というのは怖い。ただの嫉妬じゃない。常吉の場合、後家との関係に家族の生活が掛かっていた。おそらく出刃包丁で脅して復縁を迫るつもりだったのだろう。しかし、嫉妬に狂った男はとどまることを知らなかったんだな。

捕縛された常吉は死罪と決まるが、最後に白洲で得意の義太夫を語る。

痴情のもつれに金が絡む。サスペンスドラマによくある話であるが、義太夫を用いた落ちが落語らしい一席にまとめている。

《宮戸川》は、前半は《お花半七馴《なはんしちな》れ初《そ》め》。優しくて生真面目で男前の半七を、女子力パワーでお花が迫り、嵐の夜に二人が結ばれるまでの話。この噺にはあまり演じられていない後半がある。結ばれたお花と半七だが、半七の父親は二人の婚礼を許さなかった。二人の結びのきっかけとなった叔父の九太が後見人となり、お花と半七は夫婦となり、小さな店を出す。小僧を一人使っただけの小商売だが店は順調、優しい半七がお花の腰巻の洗濯もしてくれるという、夫婦は幸福な日々を過ごしている。

お花はある日、小僧を供に浅草あたりに買い物に出掛けた。すると、にわかの夕立に遭う。小僧が店に傘を取りに走る間、お花は雨宿りをしながら待っていると、雷が落ちて、お花は気を失う。そこへ三人組の悪党が通り掛かる。三人は以前からお花のことを知っていて、憎からず思っていたのを横から半七にさらわれて悔しい思いをしていた。あたりに人影はない。三人はお花を連れ去り、強姦して殺す。

なんなんだよ、この展開は。前半で半七がお花を拒んだのは、生真面目さと優しさゆえで、それが夫婦になって、お花の尻に敷かれつつも幸福な夫婦生活を送っている、笑いには繋がらないが微笑ましい話が一転、強姦殺人の話になるんだ。お花がどうやって殺されたのかは深くは描かれないが、とにかくお花は殺された。

一年が過ぎる。半七はたまたま乗り合わせた舟の船頭たちから、一年前の懺悔話を聞く。船頭がお花を殺した三人で、半七は見事、お花の仇を討つ。仇なんか討ったってしょうがないだろう。だが、落語だから。これには落ちもある。実はお花が使いに行って夕立に遭ったところまでが現実で、それ以降の話は半七がうたた寝をして見ていた夢だった。

おいおい、なんだってそんな人騒がせな夢を見るんだい。

殺人事件は落語には似合わないが、落ちがあったり、夢だったり、ホッとするところに落ち着いてくれる。それが江戸の洒落のひとつなんだろう。

《後家殺し》

タイトルの「後家殺し」は義太夫を褒める時の掛け声である。音曲のうまい男には、女が惚れたそうだ。

《宮戸川》

後半は芝居噺で演じられた。現在はあまり演じられてはいないが、柳家小満んや、柳家喬太郎がたまに演じる。

「お花・半七」は、近松門左衛門・作「長町女腹切」より人物の名前を借りた。

き

九死に一生

《鰍沢《かじかざわ》》

《鰍沢》という落語は、アドベンチャー映画を見ているような展開の一席である。新助という主人公に次から次へと、命懸けの危難が襲い掛かる。

新吉は身延山へ参詣する。帰路、小室山《こむろさん》にも寄って、毒消しの護符をもらう。小室山には妙法寺《みょうほうじ》がある。もともとは役小角《えんのおづぬ》が開いた真言宗の寺で金胎寺《こんたいじ》といったが、日蓮《にちれん》が身延に入山したおり、住職、善智《ぜんち》が日蓮と法論を戦わせ、敗れた善智は日蓮の弟子となり、以来日蓮宗の寺となり妙法寺と改めた。

その時のエピソードに善智が日蓮を毒殺しようとし、毒入り牡丹餅をすすめたところ、犬が牡丹餅を食べてしまった。犬は昏倒するが、日蓮が護符を与えたため犬は蘇生する（犬は死んでしまい、日蓮が手篤く葬った説もある）。善智は悔い改め、以来、妙法寺では毒消しの護符が授けられるようになったという。

さて、小室山を出て、山を下って来た新助だが、雪がどんどん降って来て、道に迷う。寒さと、道に迷って先がわからない不安、旅の疲れも出て、足が思うように運ばない。このままでは雪の中で死んでしまう。そう思った時に、遠くに灯りが見えた。一軒のあばら家だ。

一夜の宿を借りる。あばら家は狩人の家で、亭主は熊の膏薬《こうやく》売り。熊の膏薬というのは、熊の脂から作った、皹《ひび》、皸《あかぎれ》などに効く薬品だ。熊を獲って、その脂から薬品を精製して売っているらしい。亭主は留守で女房が一人いた。この女が妖艶な女だ。

新吉は女に一度だけ会ったことがあった。女は元吉原の遊女で月の兎。本名はお熊。亭主は伝三郎といい、お熊と伝三郎は心中未遂事件を起こし、身延の山奥に逃げて来ていた。お熊の首筋には、心中事件の時の傷跡が残っていた。

お熊は寒さしのぎにと新助に玉子酒をすすめる。酒の飲めない新助は一口飲んだだけだった。酒の中にはしびれ薬を入れていた。お熊は新助の懐の金に目がくらんだのだ。

そうとはしらず奥の間で休む新助。お熊が亭主の寝酒を買いに外へ出た後、伝三郎が戻り誤って玉子酒を飲んしまう。冷めた玉子酒を意地汚く飲む仕草が聞かせどころの一つ。花魁と心中でもしようというのだから、そこそこの色男だった伝三郎だが、山中の暮らしが男をすっかり変えてしまっている。伝三郎はもがき苦しみ死ぬ。騒ぎに気付いた新助、小室山の毒消しの護符をもらっていたのが幸いした。なんとかあばら家から脱出した新助、またもや命拾い……、と思ったが、お熊は亭主の仇と、種子島を持って追って来る。

崖に追い込まれた新助、すべり落ちて、もはやこれまでと思ったところに筏があった。鰍沢の急流を筏で下るが、縄が解けて筏が一本の材木に。それに必死でつかまっていると、崖の上からはお熊が種子島で新助を狙う。

この噺は三遊亭圓朝《さんゆうていえんちょう》が三題噺で作ったといわれている。三題噺とは、客席から三つ題をもらい、即席で噺を作る。この時の題は「小室山の護符」「玉子酒」「熊の膏薬」。即席で何度も九死に一生を得るような噺をよく作れるものだ。

新助の命が助かったのは、日頃の信心のおかげか、ただ運がよかったのかはわからない。ただ、物語の波乱を楽しんで、最後は「お材木（題目）のおかげ」と、信仰を洒落で落とすのが、落語の醍醐味でもある。

《鰍沢》

「ゐ」参照

ゆ

幽霊

《牡丹灯篭《ぼたんどうろう》》《へっつい幽霊《ゆうれい》》《お菊《きく》の皿《さら》》《応挙《おうきょ》の幽霊《ゆうれい》》

この世に未練があると人は成仏出来ない。

たいていは恨みだ。

殺されたり、陥れられて地位や財産を失い死に至らしめられた者は、相手を恨んで幽霊となり祟る。

相手を殺すか、懺悔させるか、気が晴れたら成仏する。

何も幽霊は恨みだけで出るわけではない。

恋慕から出る幽霊もいたりする。《牡丹灯籠》のお露がそうだ。焦がれて死んだ相手が忘れられず、新三郎のもとを訪ねるお露。新三郎もお露を憎からず思ってはいたが、相手が幽霊と知り拒む。薄情なのか、でも幽霊は怖い。拒まれたお露、別に愛が憎しみに変わるわけじゃないんだ。愛して愛して愛し過ぎて、結果、新三郎を取り殺す。女性が恋慕の情に気が残って幽霊になるというのは、哀れだし、それが美しくもあったり、取り殺される男もそれを許しているところもないわけではないんだろう。それが物語だ。正しい怪談。

中には、金に気が残って死ねない、なんていう幽霊もいる。

《へっつい幽霊》という噺。長助は博打で大金を儲けた。他人に知られないように、へっついに金を塗りこんだ。長助の仕事は左官だった。その夜、長助は死んだ。折角儲けた大金を一文も使わずに。せめて、大金を地獄に持って行こう。何せ「地獄の沙汰も金次第」だ。そう思って、古道具屋からへっついを買った人のところへ幽霊となって出るようになる。

へっついにもれなく付いて来る幽霊というのも厄介だ。しかも美女の幽霊でなく、おっさんの幽霊だからね。

ほかにも、落語にはいろんな幽霊が出て来る。

《お菊の皿》は《番町皿屋敷《ばんちょうさらやしき》》のお菊の幽霊が、青山鉄山を取り殺したのちもこの世に幽霊としてとどまっているという噺。どうもお菊は幽霊の暮らしが気に入っているようだ。幽霊は夜の仕事で朝寝も出来るし。やがて、町内の若い者が怖いもの見たさ、いや、美女のお菊の幽霊見たさに集まって来る、という不思議な話だ。

もともと現世に存在しないものが幽霊となる噺もある。《応挙の幽霊》は、道具屋が客に美女の幽霊画を円山応挙《まるやまおうきょ》の作だと言い高値で売る。画は翌日届けると約束。儲かったので道具屋は、幽霊画を床の間に掛けて、美女の幽霊相手に酒を飲んで喜んでいると、画の中の幽霊が抜け出て来る。画はホンモノの円山応挙の作だった。

円山応挙は江戸後期の画家で写実を得意とした。また幽霊画も多く残した。幽霊に足がないというのは、応挙の絵が足をぼかして描いたのがはじまりともいわれている。応挙とはいえ、幽霊を見て描いたわけではなく、想像の産物のはず。それが名人の手で命を与えられた。幽霊に命？　なんか変だね。この噺は明治元年生まれの戯作者、鶯亭金升《おうていきんしょう》（1）の作。

ところで、幽霊なんているの？　という人もいる。圓朝は「神経の病い」といい、《牡丹灯籠》も実は幽霊に取り殺されたのではないという謎解きを用意している。

江戸時代の人だって幽霊なんて信じていなかった。《お化《ば》け長屋《ながや》》《不動坊《ふどうぼう》》《品川心中《しながわしんじゅう》》、幽霊を偽装する落語も実はたくさんあったりする。

（1）鶯亭金升…明治～昭和の戯作者。慶応四（一八六八）年～昭和二十九（一九五四）年。落語《応挙の幽霊》の作者として知られる。戦中の「はなし塚」は金升の筆による。

《牡丹灯籠》

「ゐ」参照

《へっつい幽霊》

幽霊がすべて美女というのは誤りで、博打好きのおっさんの幽霊もたまに出る。

《お菊の皿》

東京では番町、上方では播州と、お菊の物語は各地にある。

《応挙の幽霊》

円山応挙の幽霊画にまつわる話は講談にもある。

め 飯を食って死ぬ

《阿武松《おうのまつ》》

バイキング、食べ放題などで「死ぬほど食った」という人がいるが、どれだけ食えば死ねるのだろうか。飯を食い過ぎて死んだ人の話は聞かないね。死ぬ前に腹をこわして、トイレに駆け込むのが関の山だろう。それでも好きな食べ物を腹いっぱい食って死ねたら、ある意味、本望なのかもしれない。

逆に飯が食えなくて死んだ人の話はよくある。収入が少ないと、よく「食べて行かれない」と愚痴をこぼすことがある。愚痴をこぼしながら酒を飲んでいるのだから、世話はない。今は、安価な食品も多いし、社会保障などもあるから、生活が苦しくても食べて行かれないということはあるまい。そう思っていたら、餓死者のニュースを最近よく耳にする。都会で孤立して餓死する人もいれば、職を失い収入がなく、社会保障も受けられずに餓死する人もいたりする。

生活保護などの社会保障制度をバッシングする人もいる。彼らは餓死者が巷にあふれるような社会でも望んでいるのだろうか。

そんな話はともかく。

死ぬ前に腹いっぱい飯が食いたいと思った若者の話。

第六代横綱、阿武松緑之助《おうのまつみどりのすけ》（一七九一〜一八五二）の若き日を描いた落語《阿武松》。講談や浪曲にも同じ演題がある。

能登出身で力持ちの長吉は、江戸へ出て相撲になろうと、名主の紹介で、江戸の幕内力士、武隈文右衛門《たけくまぶんえもん》の弟子となった。ところが長吉は飯を食い過ぎるという理由で破門になる。武隈から二分の金をもらい、能登に帰ることにする。

能登に帰る長吉、ここは演者によって道が異なる。一つは中山道を行く。もう一つは東海道で琵琶湖まで行って北陸道に入る。中山道は板橋、東海道は川崎に、長吉はやって来る。

長吉はこのまま故郷へ帰っても面目が立たないと、自殺を考える。だが、自殺の前に、とにかく腹いっぱい飯が食いたい、そう考えた時、懐に二分の金があったことを思い出す。長吉は旅籠に寄ると、「とにかく飯を食わせて欲しい」といい、二分の金を渡して黙々と食べ続ける。

二升ほど食べたところで、旅籠の女中が主人に知らせた。

何せ長吉、これが今生の飯の食い納めだと思っているから、泣きながら黙々と飯を食っている。金はもらっているから食い逃げではなかろうが、異様な様子で、とにかくこれはおかしいし、食い過ぎだ。

主人が長吉に事情を聞く。主人は十日の相撲を十二日見る相撲好きだった。土俵作りから見て、千秋楽の後は片付けを見て名残りを惜しむ。そんな相撲好きの旅籠の主人が長吉の後援を申し出る。

主人の贔屓の幕内力士で、根津七軒町に部屋を構える錣山《しころやま》のところへ連れて行き、長吉を入門させる。錣山のもとで修業した長吉は、名を小柳と改め土俵に上がる。ついには横綱を張り、阿武松緑之助となった。

長吉は今生の最後に飯を食って死にたいと考えた。それまでの人生で腹いっぱい食べたことがなかった。死ぬ気で食べたことが、生きる道を見出した。

錣山のもとで腹いっぱい食べたことが、その後の相撲人生を変えたのだろう。相撲はとくにだが、やはり飯を食うことは、生きることの原動力となるのだ。

《阿武松》

力士は超人的な力を持ち、さらに技を磨いて、勝負の世界を見せてくれるスターだが、一方で、どこかユニークなところがあり、落語のネタにもなっている。《大安売り》のような弱い力士のネタもあるが、やはり強い力士、横綱の噺は醍醐味がある。《阿武松》は横綱の若き日の噺で、長吉は将来横綱になるであろう資質を十分に見せている。

六代目三遊亭圓生が演じていて、五代目三遊亭圓楽らが継承。立川談志も演じていた。

み

身投げ

《佃祭《つくだまつり》》《文七元結《ぶんしちもっとい》》《星野屋《ほしのや》》《辰巳《たつみ》の辻占《つじうら》》

自殺の方法として、川へ飛び込む。身投げがある。

ところが、落語の身投げは案外、飛び込む直前に助けられる場合が多い。

そらそうだろう。家でそっと自殺するわけではない。

夜とはいえ、人通りがないわけではない、吾妻橋から大川に身を投げようと思えば、たいてい誰かが通り掛かる。江戸っ子は情け深いから見捨てたりはしない。

「待ちねえ」

となる。

止めたら事情を聞く。たいていが金のことだ。《佃祭》も《文七元結》も、金を紛失して、申し訳ないってんで飛び込もうとする。

《佃祭》は紛失した金が三両で、助けたのが金に余裕のある次郎兵衛だったから、これは江戸っ子だ。三両の金をポンと出して助けた。

《文七元結》は紛失した金が五十両、しかも助けたのが博打で借金まみれの長兵衛。金をポンと出すにはいかないと思いきや、長兵衛の懐には、娘のお久が自らの体を形に借りてくれた五十両があった。

「娘は女郎になるが死ぬわけじゃない。この野郎は金がなければ死んじまうんだ」

勿論、散々迷う。迷って迷って迷った挙句、長兵衛は身投げをしようとしていた文七に、五十両をあげてしまう。

人の危難には身を省みず助ける、江戸っ子だ。娘が不幸になってもしょうがない。酷い江戸っ子だ。でも、その心意気に感じ入る人もいる。感じ入る人もまた江戸っ子なんだね。

で、《佃祭》の女も、文七も、なんでそんな、人通りのある場所で自殺なんかするのか。ようは金を紛失してパニックになったんだ。

これはもう死ぬしかない、と思った時、死ぬ方法なんて考えない。そこに川があった。飛び込んで死のう、ということになる。

ある意味、追及されるのが嫌で、その場から逃げるために、あと先を考えずに死を選んだ。でもまぁ、その結果、親切な江戸っ子たちが通り掛かって助けられた。

翌日の昼、主人に連れられた文七が吾妻橋に来る。

「お前は夕べ、ここから飛び込むところだったんだぞ」といわれ、

「随分深そうでございます。水が渦を巻いている。こんなところに飛び込もうなんて、バカな奴があるものだ」

冷静になって考えれば、たとえ死を選ぶとしても、身投げなんてことは考えない。切羽詰まっていたこと、それに夜だったこと、そんなことで衝動的に身投げを選んでしまったのだ。

ほかに身投げの出て来る噺、《星野屋》《辰巳の辻占》。これはどちらも男と女の駆け引き、騙しあいの噺だ。言葉では「惚れた」とか「お前のためなら命もいらない」といっている女の本心は？　男が間違いを犯した、とても生きてはいられないから身投げをして死ぬ、といって橋の欄干に手を掛けた時、女はどうするのか。しかし、男もバカなん

だよ。試すような真似なんかしないで、騙されたふりをしてりゃいいんだ。だから、恥かいて、女を失う。

それにしてもだ。死ぬのは仕方がないとしても、やはり身投げは嫌だね。

《佃祭》

「ほ」参照

《文七元結》

三遊亭圓朝の作といわれているが、古い噺で似た内容のものはあるそうだ。歌舞伎などにもなっていて、おなじみの話。

《星野屋》

星野屋の主人が妾の気持ちを確かめようと、身投げの狂言を試みる。

《辰巳の辻占》

辰巳の遊女に惚れている男が、遊女の気持ちを試すため心中を持ち掛ける。上方では《辻占茶屋》。

し

心中
《品川心中《しながわしんじゅう》》

心中が流行した。近松門左衛門《ちかまつもんざえもん》とか。浄瑠璃で語られた男女の物語は、結ばれない男女が、恋を彼岸の橋として、この世を捨ててあの世へ渡る。

遊女と若旦那、若旦那が遊女にのめり込み金が続かなくなる。親から勘当、あるいは公金の使い込み。生きてはいられなくなり死ぬ。

あとは、お嬢様と年長の丁稚。これは身分が壁で成就しない恋。親が寛容だったり、丁稚に商才があれば、婿にするのもありだが。お嬢様が惚れちゃうみたいな男前だと、あんまり商才はなさそうだ。

金、身分、いろんな障害があったほうが恋は燃えるけれど、やはり結ばれなくて切羽詰まって。そうなりゃ死ぬしかないけれど。心中となると、恋を貫いたとして賞賛された。そう。心中はカッコよかった。浄瑠璃で語られて、浮名が立った。

で、流行した。これは風紀を乱す。幕府は禁止をした。心中も禁止したけれど、それを煽る者として、近松門左衛門ら浄瑠璃作者が処罰された。心中を賞賛するんじゃないよと叱られた。

そして、心中した男女は厳しく罰せられた。死んだ二人は「遺骸取捨」、つまり埋葬されずにゴミ扱いだ。もしも生き残ったら厳しい処罰が待っていた。

でも、心中はなくならなかった。

死んでもいい。遺骸なんて廃棄されたっていいよ。あの世では、来世では、必ず結ばれるのだ、という強い想いがそうさせた。

いや、死んでからのことは、わからないんだよ。来世で結ばれるとは限らないでしょう。今世は男と女だけれど、来世は男同士で生まれ変わるかもしれない。鶴屋南北《つるやなんぼく》《桜姫《さくらひめ》東文章《あずまぶんしょう》》。男同士でもいいじゃないか。現在では、衆道（男性同士の性愛）は認知されているが、一時は特別なものとして差別されていた時代もあった。しかし、江戸時代は衆道はマイノリティでも変態でもなかった。

落語も心中を題材にしたものがあるが、たいていしくじる。

というか。なるべくなら死にたくない、と思っている者が心中に付き合わされる。

《品川心中》は心中したい女、品川の遊女、お染の話。理由は「金」だが、金に困って死んだと思われるのが嫌だから、誰かを誘って心中しよう。

誘われたのは貸し本屋の金蔵。銭がないから普段いい待遇をされていない。それが女から「逢いたいからすぐに来て欲しい」と手紙が来て、飛んで行ったら、下へもおかない、おもてなし。

心中なんて断わりゃいいのに、断わらない。惚れた弱味か。でも、女に「お願い」っていわれたら、たいていの男は断わらないよ。頼られる、っていうのは、男は本能的に気分がいいんだろう。

でも、心中だよ。どうなんだ。落語の登場人物は、死に対して切迫感がないのか。リアリティがないだけで、やはりその直前になると迷う。迷っていると、いい塩梅に女が背中を押してくれる。比喩じゃなく、ホントに押すんだよ、女は。

で、女は飛び込まない。だいたいそんなもんだ。

噺が品川だ。遠浅で男は助かる。

今の京浜急行のちょっと外側の道が旧東海道。品川駅から行って左に曲がると、少しだけ坂が下っている。建物の下に石垣がある。ここが昔、海だったっていう遺構。そこらへんで、金蔵は溺れていたんだね。

《品川心中》

品川を舞台にした遊女と客の心中騒動を描く。心中しそこなった金三は八つ山あたりで海からあがり、犬に追われながら、世話になっている芝の親分の家へ。金三から話を聞いた親分は、幽霊話を仕立てて、遊女に仕返しに行く。男と女の駆け引きを描いた噺で、多くの落語家が演じている。

旧東海道は昔は海に面していたが、今は埋め立てられて品川宿の面影はないが、かつて海であったであろう石垣が残っている。

お江戸こぼればなし　漆

落語家

落語は江戸の後期、富裕町人や文化人たちが、おもしろおかしい話を持ち寄り披露しあうところから、はじまった。そのうち、話すのがうまい者、作るのがうまい者、ただ聞くだけの者にわかれ、今日の寄席のような場所が形成されていった。

職業落語家が登場したのは、寛政十（一七九八）年、初代三笑亭可楽からだといわれている。その後、可楽の薫陶を受けた朝寝坊むらく、初代三遊亭圓生、初代林屋正蔵ら、可楽十哲が活躍、文政八（一八二五）年には、江戸の街に寄席が百二十五軒あったそうだ。

落とし噺や人情噺が中心となり、とりわけ人情噺が人気を呼ぶ。それには寄席の興行的な思惑もあった。長編の人情噺を連続で語ることで、寄席に毎日お客を呼ぶためだ。テレビもラジオもない時代、連続で物語を聞くことは庶民にとっても楽しみだった。

人情噺というが人情的なお涙頂戴な物語でなく、人間の本質を描いた。登場人物には犯罪者なども多く、人殺しの場面もあったりして、そこに人間的欲望が描かれ、物語の面白さを際立たせた。人情噺の醍醐味は明治の圓朝でさらに開花する。

ゑ

永《え(ゑ)い》代橋崩落

《永代橋《えいたいばし》》

文化四（一八〇七）年八月十九日、永代橋が崩落し、死者行方不明者千四百名の大事故が起きた。

たかが橋が落ちて、なんでそんな事故になるんだ？

永代橋は隅田川の河口近くに架かっている橋。今もある。中央区と江東区を結んでいる。江戸時代は、今よりもやや上流にあり、新川と深川を結んでいた。江東区側は江戸の外であったが、深川のあたりは街が拡散していた。深川八幡宮《ふかがわはちまんぐう》（富岡八幡宮）に深川《ふかがわ》不動尊《ふどうそん》もあり、門前町としてもおおいに賑わっていた。

永代橋が出来たのは、元禄十一（一六九八）年。江戸と深川を結ぶ重要な橋で、長さ百十間（二百メートル）、幅三間（六メートル）、勿論、出来た時は木の橋だった。名前の由来は、深川側の中洲にある永代寺。

橋が出来て二十年後に、幕府は橋の老朽化から、廃橋を考えたが、深川はますます栄え、永代橋は住民にとってなくてはならない橋となっていた。そこで、町内が管理することとなり、通行料を取り、それを補修費などに当てた。補修はされていたが架け替えられることはなく、さらに八十年が過ぎた。

その日は富岡八幡宮の大祭礼だった。俗に江戸三大祭とは、山王、神田、そして深川富岡八幡宮。富岡八幡宮の祭礼は俗に裸祭といわれた。川並…木場の筏乗りたちが普段は見せることのない刺青を披露し競い合った。これを見ようと、大勢の人たちが詰め掛ける。

しかも前日まで七日間雨が降り続いた。さらにはその日、橋の下を大名の船が通るので、橋の通行止めも行われた。

橋の袂に人があふれ、その人たちがいっせいに橋に殺到した。橋には押すな押すなの人の群れ。そして、重みに耐えかねて、橋が崩れた。数間が崩落し、あとからも人が押し寄せていたので、崩れた橋からどんどん人が川に落ちた。川に落ちた人で助けられたのは数十人だけだった。

川辺には死体がただただ並べられた。

「永代と架けたる橋は落ちにけり、今日は祭礼、明日は葬礼」

大田南畝《おおたなんぽ》だよ。ふざけた狂歌を詠みやがった。

行方不明者も多かったので、いろんな物語も生んだ。

落語もある。《永代橋》。八代目林家正蔵《はやしやしょうぞう》で一度だけ聞いたことがある。

多兵衛という男が富岡八幡宮の祭礼に行きスリにあった。スリが事故で死に、懐の財布から多兵衛が死んだと思われ長屋に知らせが行く。知り合いの武兵衛が死骸を引き取りに行くが、途中で多兵衛と会う。

「お前は死んだのに、なんでこんなところを歩いているんだ」

そして、多兵衛と武兵衛は死体の引き取りに行く。

《粗忽長屋《そこつながや》》みたいな噺ね。

当時の時事ネタかもしれないが、事件が事件だけに、笑えないところもある。これだけの惨事も洒落のめすのが落語なのかもしれない。

永代橋は架け替えられ、明治になってふたたび老朽化がいわれ、明治三十（一八九七）年、日本初の鉄橋として、やや下流に架けられた。関東大震災で焼け落ち、大正十五

（一九二六）年に再架橋された。

《永代橋》

悲惨な事故を扱った噺で、現在では演じられていない。八代目林家正蔵がやったのを聞いたことがある。とはいえ、《佃祭》も舟の事故で大勢人が死んでいるし、火事の噺は多くあるので、事故だから演じられていないというだけではあるまい。ようは、くだらな過ぎてやる人がいなかったのと、「多勢に無勢は敵わない」という諺の洒落が、なじみが薄く、わかり難いということなのだろう。

ひ 火あぶり
《お七《しち》》

目には目をではないが、放火犯は火あぶりの刑と決まっていた。

江戸は火事が多かったからね。明暦の大火（一六五七）のように、わずかの火が江戸中を焼き尽くすこともあったので、放火みたいな犯罪にはとくに厳しい罰則がとられたのだろう。

鈴が森の刑場跡には、八百屋《やおや》お七《しち》が火あぶりになった磔柱の台座が残っている。ホンモノかどうかは知らないが。

八百屋お七の話は、井原西鶴《いはらさいかく》「好色五人女《こうしょくごにんおんな》」に綴られている。天和の頃（一六八一～八四）、大火事が起き、本郷二丁目に住む八百屋八兵衛（史実では太郎兵衛、他の物語では久兵衛もある）一家は檀那寺の駒込・吉祥院に避難した。そこで八兵衛の娘、お七は、寺小姓の吉三郎に想いを寄せる。吉三郎のほうもお七を憎くなく思っていたようで、雷雨の夜、二人は結ばれる。

しかし、八兵衛一家は家を新築し、もとの本郷へ戻る。吉三郎と逢うことが出来なくなったお七は、

「もう一度火事が起きて、家が焼けたら、また吉三郎さんに逢えるはず」


お七は家に火を付けるが、これはボヤで終わる。だが、火付けは重罪。訴人されお七は捕らわれ、鈴ヶ森で火あぶりの刑になる。

「好色五人女」の一人として、お七は有名になり、以後、浄瑠璃や歌舞伎などで多く演じられている。歌舞伎や舞踊では、お七が火を付けた後、櫓に登って太鼓を打つところが名場面となっている。

落語では八百屋お七を扱った噺が二つある。どちらも題は《お七》である。

一つ目。お七の処刑を知った吉三郎は池に身を投げて死に、二人は地獄で再会する。二人が抱き合うと、ジューっていう音がする。お七は火で死んで、吉三郎は水で死ん

だから、火と水が合わさってジュー。いや、そうじゃない。お七と吉三郎、七と三で足すと十だ。

お七の幽霊が出る。侍がこれを退治しようと、お七の足を一刀で切り落とす。おいおい、幽霊に足があるのかよ。そしたら、お七の幽霊は片足でピョンピョン跳ねて逃げた。


「おいおい、お七の幽霊、どこへ行くんだ」

「片足本郷へ行くわいな」


「アタシャ（私は）本郷へ行くわいな」は大正から昭和に掛けて流行したのぞきからくりの名科白。この洒落、今の人は意味わかんない。

のぞきからくりは、レンズをのぞいて、中で大仕掛けの紙芝居が展開するというような大道芸の一つ。説明者が独特の節を付けて、「八百屋お七」や「幽霊の継子いじめ」なんていう物語を聞かせた。

落語の《くしゃみ講釈《こうしゃく》》では主人公が「胡椒」を買いに行く時に忘れないよう、小姓（胡椒）の吉三郎をキーワードにのぞきからくりの口上を一節語るという件がある。

のぞきからくり《お七》には火あぶりの刑場までの道中付けを聞かせる。業火に焼かれる少女の哀れを、レンズを通した極彩色の絵で見せた。

もう一席の《お七》。吉兵衛は縁起をかつぐ。子供が生まれて喜んでいるところへ友達の熊五郎が来て、縁起の悪いことをいって嫌がらせをする。しばらくして熊五郎にも子供が生まれる。吉兵衛は仕返しに行くが、逆に熊五郎が縁起の悪いことをいってしまう。しかも熊五郎は、子供の名前がお七で、「すえは火付けをするだろう」と平然という。

お七は火付け、放火犯で、火あぶりになった、ということが一般に知られていたから、こういう落語が作られたのだろう。

《お七の十》

四代目柳亭痴楽、十代目桂文治、三笑亭笑三らが演じていた。今は演じられていないネタ。「私は本郷へ行くわいな」というフレーズがなじみがないためだろう。

《お七》

こちらも滅多に演じられてはいないが、寄席などでごくたまに聞くこともある。八百屋お七は歌舞伎ではおなじみだが、一般的にはあまりなじみがないということなのだろうか。

もう半分

《もう半分《はんぶん》》

《もう半分》という「死」をモチーフにした落語がある。

永代橋の袂（演者によって、吾妻橋、千住大橋など）にある小さな燗酒屋。夫婦が営んでいる。この店に毎日のように来る一人の老人がいる。

「半分ください」

老人は一合の酒を半分頼む。飲み終わると、

「もう半分ください」

そうやって半分づつ、数杯飲んで帰ってゆく。

この老人がある日、風呂敷包みを忘れた。

風呂敷包みの中身は五十両の金だった。あんな汚い爺さんがなんだってこんな大金を持っているんだ。

金は老人の隠居金。娘が吉原に身を売って作った金だ。

娘が親孝行なのか。いや、娘を廓に売って、隠居がしたいか。しかもその金を忘れるんだ。

燗酒屋の夫婦は金を猫ババする。老人が訪ねて来ても、「知らない」という。娘を売った金だと事情を話しても、夫婦はとりあわない。

老人が肩を落として帰ったあと、亭主は金を返そうという。


「おじさいさんが可哀想だ」

「お金を返したら、私たちが一生可哀想なんだよ」


薄利多売の手堅い商売じゃない。安く売らなきゃ客が来ないだけ。貧乏人相手の商売。客も店も可哀想な人たち。可哀想じゃなくなるには、娘も売るし、猫ババもする。

老人は大川に身投げして死んだ。

娘と金と希望を失い、死ぬしかなかった。自分の失態が、娘の親孝行も踏みにじったことへの自責か。

いや、もっと恐ろしいことを考えていたまかもしれない。無力な老人が、自分の希望を奪った相手に復讐するには、死をもって報復するしかなかった。

燗酒屋の女房は懐妊した。

燗酒屋は店を改装し、ちょっと若い女の奉公人も雇い、高い酒を出しても客が来る店になった。

順風満帆。身投げした老人が祟ることなどない。

だが、女房は赤ん坊を産むと、死んだ。

江戸時代は、お産は命懸けだった。生命の誕生には「死」がつきまとう。

そして老人は、産まれた赤ん坊に祟った。

死と、悪意と、呪い、人の心の闇を集めた落語である。

そして、落ちも、恐ろしく、悲惨である。

なんか救いはないのか。何もない。

老人も女房も死んだ。死んだ人間は生き返らない。そして、死をもって託された呪いも、解決はしないだろう。おそらく赤ん坊もすぐに死ぬ。そうしたすべての負を背負って、燗酒屋の主人は苦しみもがいて生きてゆかねばならぬのだ。何故なら、この主人は老人に同情して金を返そうといった。猫ババに自責の思いがある。だから、一生彼は苦しんで生きてゆかねばならぬのだ。

《もう半分》

死を扱った落語の中でも、かなり陰惨な噺の部類に入る。五代目古今亭志ん生、五代目古今亭今輔らが演じていた。故古今亭志ん朝らに継承され、現代でも、心の奥の闇を描く落語のひとつとして受け継がれている。居酒屋の夫婦だけではない。八百屋の老人も自分の老後のために、娘が望んだとはいえ、娘を売ったのだ。そして、酒を飲み、金を置き忘れた。老人にも闇はある。

三遊亭白鳥は主人公たちを別キャラクターにした不思議な改作で客席を煙に巻いている。

せ 切腹

《粗忽《そこつ》の使者《ししゃ》》

武士の死に方に切腹がある。

責任の取り方とでもいうのか。

何か失策をしても、武士なら腹を切れば許された。

いや、死ぬんだから。それがもっとも重い刑罰ではないのか。

違うんだよ。悪事はさ、細かに調べられれば、いろんな恥辱が明るみに出る。切腹すれば、それ以上の追及はされずに済んだ。

もっといえば、組織ぐるみの犯罪は、誰かが切腹すれば、彼の上司や同僚は罪を逃れられたのだ。その代わり、残された家族や家は、罪を逃れた上司たちが全力で守った。息子だか弟に家督を継がせて、それが小さければちゃんと後見人にもなり、よしんば力及ばず家が潰れるようなことになっても、残された家族の面倒は見た。そういうシステムだったんだ。

だから、武士は安心して腹を切った。

恥辱も明るみに出ず、名誉も守られる。万事めでたし。いや、そんなことはないだろう。

落語で切腹が出て来る噺？

切腹ですべてが済むのは武士の理屈。まっとうな町人の文化である落語では、切腹を正当化するような噺はない。

武士の出て来る落語は多くあるが、皆、武士のシステムや、杓子定規な生き方を笑うことで、それらを批判した。《目黒《めぐろ》のさんま》みたいに殿様にふりまわされる家来たちには、ある意味、同情の目を向けつつ笑い飛ばすのが落語だ。

《粗忽の使者》、地部田治武右衛門という男が主人公。いたって粗忽者の治武右衛門は、他家に使者に出掛けたおり、使者の口上を忘れた。

武士は忘れたでは済まない。「忘れた」といえば、切腹しかない。治武右衛門は「庭の片隅をお借りしたい」といい、小刀を抜こうとした。

相手方の重臣、田中三太夫は切腹だけはさせまいと、あの手この手を考える。最後は、治武右衛門が尻をつねると痛みで思い出すかもしれないというので、出入りの職人の留っ子と一緒に治武右衛門の尻をつねる。

武士としてどうなのか。人前で尻を出してつねられるのは恥辱じゃないのか。切腹させてやれば、そういう恥辱を受けずに済む。

町人の理屈で作られた落語は、恥辱よりも、やはり命が大切なのだ。

武士道とは死ぬこと？　そんなことはないよ。武士だって死んじゃいけない。バカバカしい話で、そう教えてくれるのが落語なんだ。

切腹を正当化するのは講談の世界だ。武士の理屈を、一般人にわかりやすく教えるのが講談。

《赤穂義士伝《あこうぎしでん》》で義士の切腹に疑問を持った人が多かった。褒められるべき行為が切腹とはどういうことだ。旗本を襲撃して殺した罪を手放しでは賞賛は出来ないが、斬首ではなく、切腹という名誉が与えられた。というのが武士の理屈だ。

《誉の三百石《ほまれさんびゃくこく》》、堀部安兵衛《ほりべやすべえ》の介錯をした武士が賞賛される話。《富森助右衛門《とみのもりすけえもん》》、義士の一人、富森助右衛門の息子が、父の介錯を勤めた武士に礼の手紙をしたためる話。そういう話で、切腹を正当化したのだ。武士の時代はとかく「死」が美化される。だが、そこには飾られた「死」の影に、「闇」も必ず存在するのだ。

《粗忽の使者》

《粗忽長屋》《粗忽の釘》《堀の内》と並ぶ粗忽者の噺の代表のひとつ。《粗忽長屋》や《粗忽の釘》の粗忽も迷惑だが、《粗忽の使者》は武士の粗忽であるから、粗忽者にとっては毎日が命がけである。大工の留っ子は人助けなのか面白半分なのかは知らないが、粗忽武士の地部田治武右衛門を助けようとする。武士は切腹すれば、死んでも名誉は守られるといわれていた。町人の留っ子は切腹するんなら助けてやりたいという気持ち。武士と町人の死生観の違いが笑いとなっている。

す すぎたるは

《短命《たんめい》》

「命」をテーマにした落語《短命》。
最後はやはりこの噺だよな。

「伊勢屋の婿がまた死んだんです」
これから葬式に行くという植木屋が隠居にいう。

善行を積んだ先代が亡くなりお嬢様が一人残った。店は番頭がやっているが、やはり店には主人が必要ということで、お嬢様に婿をとったが、来る婿が皆、一、二年で死んでしまう。「また死んだ」というのは、三人目の婿が死んだのだという。先代は善行を積んだ人物なのに、何故お嬢様がそんな不幸な目に遭うのかがわからない。

伊勢屋のお嬢様は、すこぶる美女。店は番頭が仕切っているから、主人といっても婿は暇。他にやることはない。目の前に美女がいたら……、短命だろう。

短命なのか?

つまり、そういうことだ。すぎたるはなんとやら。まだ、わかんねえのかよ。セックスだよ。毎日夜毎昼毎やってりゃ。短命だ。

夜毎日毎やったことないから、わかんない? 常識で考えて、「短命」だと思いねえ。婿は短命でも、お嬢様は決して不幸ではない。婿が死んだ時は悲しい。一緒に死にたいくらいのつもりでいたかもしれない。でも、とりあえず、最初の婿が死んでも次が来た。女は完全上書きが出来るって誰かがいってた。次が来て幸福ならいいじゃないか。で、次が死んでもその次が来た。財産があって、美女だ。おそらく次くらいまでは来るんじゃないか。不幸じゃないよ。すこぶる幸福な一、二年を、三度はとりあえず過した。

そのうち「男を取り殺す魔性の女」なんて噂が立って、誰も婿が来なくなる。果たしてそうか。男は冒険者であるべきだ。誰かが行く。そういう女だからこそっていう男はいるもんだ。男の中には、怖いモノ見たさ心理や、消極的マゾヒズムが存在する場合もある。

消極的マゾヒズムとは、いわゆるＳＭプレイで女王様に鞭で叩かれたいとかいうんじゃなくて、なんていうのか、マゾヒズムには肉体的なものや精神的なものとかいろいろあるんだよ。単純ではない。女性に鞭で叩かれるのは嫌だけれど、美女にならば場合によっては叩かれてもいい、くらいの思いは普通の男でもあったりする。

苦痛が快楽なのではなく、苦痛の向うに快楽があるのなら、少しくらいの苦痛は我慢しよう。と思う男は案外いるのだ。男なら、我慢が美徳だ。

「短命」の二人目からの婿は、自分は体力的に大丈夫という自信があった。あるいは。お嬢様のために死ぬのなら「男冥利」くらいの覚悟もあったのだろう。ある意味、婿たちも、お嬢様との至福の一、二年を過ごした。死んでも本望、だったのかもしれない。

長生きしたければ、それなりの女房をもらい、日々忙しく働いていればいい。植木屋は家に帰って、女房に飯をよそってもらい、おのれの幸福をしみじみ実感した。もしかしたら違うものを期待していたのかもしれないが、そうはならなかった。

短命と長命、どっちが幸福かはわからないよ。至福の時に身を委ね、短命に終わるのも人生。無駄にだらだら生きるのも人生。無駄だと思っても、日々が楽しかったり、無駄だと思うことが価値のあることだってあるんだ。本人が幸福だと思えば、それが幸福なんだ。

《短命》

いわゆる艶笑噺になるのだろう。本質はそこになるのだが、「指の先から毒」だとか、植木屋の間抜けぶりと、さて、本質を理解してからの行動のおかしさが、まさに落語である。「俺は勘がいい」って、ちっともよくない。

五代目三遊亭圓楽がやっていた。今も多くの落語家が手掛けている。面白いからね。

お江戸こぼればなし　捌

武士

俗に旗本八万騎というのは、旗本が八万人いたわけではないが、旗本の一族や家来を含めて、徳川家が動員出来る兵力が八万だったという意味だ。

合戦がなくなった江戸時代の武士は、官僚としての職業に思われるが、八万人も官僚はいらない。それでも八万の兵力を用意していなければ万一の合戦の時に困る。旗本、御家人は名目だけの役職はあるものの、実質は無役の者が多かった。普段は何をしていたかといえば、合戦に備えて武術の鍛錬や武器の手入れである。それもいつしか形骸化した。

出世の道は官僚として登用されることであり、出世したければ、何か特殊技能を身に付けるしかなかった。

それでも武士本来の仕事は合戦、兵士である。だから、抜くことはない刀をいつも持っていた。刀を持てば抜きたくなるのも人情。旗本という数万の兵士、それに大名の家臣たち、多くの武力集団が闊歩していた、ある意味、江戸は物騒な街でもあった。

あとがき

厄病神や貧乏神と関わらずに一生を終える人はいるだろうが、どうしても関わらなきゃならないのが死神だ。どれだけ医学が発達しても、人間はいつかは死ぬ。遅いか、早いか。健康に気を遣っても、空からなんか落ちてきて死ぬかもしれない。

ただまぁ、江戸時代、いや、戦前くらいでも、平均寿命は五十歳くらい。七十歳まで生きれば古希、古来希な年齢ということでお祝いされた。

だからまぁ、なるべく健康に気を付けて、頑張って生きたほうがいいんだ。ただ、いつ死ぬかはわからない。その覚悟は持っていたほうがいい。

今は病院で死ぬことが多いから、死は身近ではない。行き倒れも滅多にいないし、家で病気で死ぬこともあまりない。だから、あんまり死の実感がない人も多いかもしれない。でも死ぬんだ。自分も死ぬし、家族や友達も明日死ぬかもしれない。だから、友達とは仲良くしたほうがいいよ。なるべく、おいしいものを食べて、落語とか聞いて笑って過ごしたほうがいい。

江戸時代の死が身近だった頃は、落語なんかにも死をモチーフにしたネタが多くあった。死さえも笑いに転化した。いつの時代でも死は悲しい。だが、悲しんでいてもしょうがないよ。生きてゆくのが大変なんだ。悲しんでないで、日々を楽しく生きよう。あの世があるかどうかはしらないけれど、多分、あるんだ。だから死んだ人とも何十年かすればまた会える。そう思って生きてゆくんだ。

死を知ることで、生きる力になる。落語は笑いのうちに、そんなことを教えてくれる。

本書は二〇〇六年に刊行した『食べる落語』、そのあとの『恋する落語』『はたらく落語』のシリーズ。刊行にあたり、教育評論社、久保木さんにご尽力を賜った。ありがとうございます。

稲田和浩

稲田 和浩［いなだ かずひろ］
1960年東京出身。作家、脚本家、日本脚本家連盟演芸部副部長、文京学院大学講師(芸術学)。落語、講談、浪曲などの脚本、喜劇の脚本・演出、新内、長唄、琵琶などの作詞、小説などを手掛ける。
主な著書に『食べる落語』『恋する落語』『はたらく落語』(教育評論社)、『浪曲論』(彩流社)、『にっぽん芸能史』(映人社)、『落語に学ぶ大人の極意』『水滸伝に学ぶ組織のオキテ』(平凡社新書)、『そんな夢をあともう少し―千住のおひろ花便り』(祥伝社文庫)など。

いろは落語づくし 弐
落語からわかる江戸の死

2019年11月22日　初版第1刷発行

著　者　稲田和浩
発行者　阿部黄瀬
発行所　株式会社　教育評論社
〒103-0001
東京都中央区日本橋小伝馬町1-5　PMO日本橋江戸通
TEL 03-3664-5851
FAX 03-3664-5816
http://www.kyohyo.co.jp
印刷製本　萩原印刷株式会社

© Kazuhiro Inada 2019, Printed in Japan
ISBN 978-4-86624-025-1　C0076

定価はカバーに表示してあります。落丁本・乱丁本はお取り替え致します。
本書の無断複写（コピー）・転載は、著作権上での例外を除き、禁じられています。